Claudia Ackermann

# Der Krokodilfelsen

## Sehnsucht nach Sri Lanka

**Ein Reiseroman**

traveldiary.de Reiseliteratur-Verlag
Hamburg

www.traveldiary.de


Jens Freyler, Hamburg
www.traveldiary.de
ISBN 3-937274-29-4
978-3-937274-29-4
Herstellung: Books on Demand GmbH

*Claudia Ackermann reiste ein Jahr lang durch Sri Lanka, Indien, Nepal, Thailand und Malaysia bis nach Singapur. Die meiste Zeit ihres Aufenthaltes in Asien verbrachte sie in Sri Lanka. Hier spielt die Handlung des Romans, der auf wahren Begebenheiten basiert.*

# I

Es war mein erster Flug. Noch nie war ich über die Grenzen Europas hinaus gekommen, noch nie war ich allein verreist. Fast mein ganzes Leben hatte ich in der Kleinstadt verbracht, in der ich aufgewachsen bin.
Nun saß ich in der Touristenklasse einer Boeing auf dem Weg nach Asien. Ich kannte Sri Lanka nur aus Büchern und natürlich aus Marks Erzählungen. Mark hatte sich nur kurze Zeit in meiner Heimatstadt aufgehalten. Nur wenige Tage, in denen er mir von seinen Reisen erzählte, von Sri Lanka, dem ehemaligen Ceylon, von palmengesäumten Stränden, von Teeplantagen, soweit das Auge reicht, von freundlichen Menschen, die immer lächeln, von einer geheimnisvollen, fremden Welt. Dann zog Mark weiter. Er blieb nirgendwo lange. Und ich blieb in meiner Heimatstadt zurück und war infiziert. Er hatte mich angesteckt mit seinem Fernweh, seinem Reisefieber, seiner Sehnsucht nach Sri Lanka. Aber jetzt, da ich mich der Tropeninsel im Indischen Ozean näherte, fragte ich mich, was ich in dem fremden Land eigentlich suchte. Ich hatte keine Ahnung, wie lange ich bleiben würde. Das Datum auf meinem Rückflugticket war offen. Aber dieses Ticket war meine Versicherung, jederzeit wieder aussteigen zu können.
Vielleicht wollte ich einfach nur weg. Frei sein, unabhängig sein, meinen eigenen Weg gehen und etwas Neues erleben. Weit weg von der Enge meiner Heimatstadt - und unerreichbar für Rainer. Wir hatten uns vor einiger Zeit getrennt. Ich brauchte Abstand. Zirka achttausend Kilometer schienen mir genau die richtige Distanz zu sein.
Unter uns war eine dicke Wolkendecke, als das Flugzeug zur Landung in Colombo ansetzte. Die Boeing tauchte in

das graue Wolkenmeer ein und schien ins Bodenlose zu sinken. Regen prasselte gegen das Fenster. Neben der Landebahn wurde ein Schwarm schwarzer Vögel aufgeschreckt. Unsanft setzte die Maschine auf dem Asphalt auf, und die Passagiere klatschten, als ob der Pilot ein akrobatisches Kunststück vollbracht hätte. Dann wurde die Tür geöffnet.

Eine feuchtwarme Luft kroch in das klimatisierte Innere des Flugzeugs. Schon nach wenigen Minuten standen mir die Schweißperlen auf der Stirn. Ich fühlte mich wie in einer Sauna, in der gerade jemand einen Aufguss gemacht hatte, nur dass es nicht nach Pfefferminzöl duftete, sondern faulig und modrig roch.

„Passport, please!"

Der Mann am Schalter musterte mich mit Augen, die so schwarz waren, dass man die Pupillen kaum erkennen konnte.

„Tourist?"

Ich nickte, und er stempelte mein Visum ab. Als ich das Flughafengebäude verließ, goss es immer noch in Strömen. Unschlüssig stand ich am Ausgang, während die Touristen an mir vorbei zu den bereitstehenden Reisebussen drängten. Was sollte ich die nächsten Wochen oder Monate in diesem Land anfangen?

„Träum nicht! Der Bus nach Colombo fährt gleich ab", riss mich eine Stimme aus meinen Gedanken. Die Frau, die mich angesprochen hatte, schob mich zur Seite. Sie war mir schon im Flugzeug aufgefallen. Offenbar reiste sie wie ich allein, aber im Gegensatz zu mir, schien sie sich hier auszukennen. Zielsicher überquerte sie den Parkplatz und steuerte auf eine Bushaltestelle zu.

Auf der gegenüberliegenden Straßenseite stand ein roter, ziemlich verrosteter Bus, der aussah, als hätte man ihn von einem englischen Schrottplatz importiert. Eilig setzte ich meinen Rucksack auf und folgte der Touristin. Ich

hatte noch nicht die Straße erreicht, da startete der Busfahrer auch schon den Motor. Der schwere Rucksack hüpfte auf meinem Rücken auf und ab, während ich über die Straße hetzte. Meine Kleidung war vom Regen völlig durchnässt, und das T-Shirt klebte an meinem Körper. Atemlos erreichte ich den Bus in letzter Sekunde. Die Deutsche hatte schon auf einer der hölzernen Sitzbänke Platz genommen, und ich setzte mich neben sie.
„Glück gehabt“, freute ich mich, nach Luft ringend. „Gerade noch geschafft.“
„Das hat nichts mit Glück zu tun“, erwiderte die Touristin. „Das macht der immer so.“
Ächzend holperte der Bus über die Straße, die mit Schlaglöchern übersät war. Ich sah aus dem Fenster. Unaufhörlich prasselte der Regen auf die Wellblechdächer der Hütten am Straßenrand. Eine abgemagerte Kuh plünderte eine Müllhalde. Kinder, mit Shorts bekleidet, liefen barfuß durch den warmen Regen, die dunkelhäutigen Beine bis zu den Knien mit hellbraunem Schlamm verschmiert. Das Bild, das sich mir bot, hatte nichts mit der Idylle zu tun, die ich aus Marks Erzählungen kannte. Aber Petra, so hatte sich die Frau neben mir vorgestellt, schien die Aussicht zu genießen.
Trotz der schlechten Sichtverhältnisse, ein Scheibenwischer funktionierte nicht, der andere verteilte quietschend den Schmutz auf der Frontscheibe, raste der Fahrer in atemberaubendem Tempo durch den sintflut-artigen Regen. Auch als vor uns ein Ochsenkarren in Sicht kam, bremste er kaum ab, sondern setzte, laut hupend, zu einem Überholmanöver an. Schemenhaft konnte ich in dem Moment den Lastwagen erkennen, der auf uns zu raste. Die Außenspiegel der beiden Fahrzeuge verfehlten sich nur knapp. Ängstlich klammerte ich mich an meinem Sitz fest. Die Einheimischen fanden offenbar nichts Außer-

gewöhnliches an dem Fahrstil des Mannes. Auch Petra nicht.
„Zum ersten Mal in Sri Lanka?“, fragte sie grinsend. Ich nickte.
Eigentlich hatte ich geplant, mir in Colombo ein Zimmer zu nehmen, aber je mehr wir uns dem Stadtzentrum näherten, desto weniger war ich von dieser Idee begeistert. Das Gedränge auf den Straßen wurde dichter. Fahrrad Fahrer versuchten zwischen Autos und Bussen vorwärts zu kommen. Motor-Rikschas, kleine knatternde und stinkende Blechdosen auf drei Rädern, bahnten sich hupend ihren Weg. Von vorne sahen diese Vehikel wie Motorräder aus, der hintere Teil bestand aus einer offenen Kabine für die Fahrgäste. Obwohl es immer noch in Strömen goss, wimmelte es auf den Straßen von Menschen. Tiefschwarze Haare und dunkle Augen, die Hautfarbe von hellbraun bis fast schwarz. Frauen in bunten Saris, andere in langen Wickelröcken mit enganliegenden, miederähnlichen Oberteilen, die Taille dazwischen nackt. Geschäftsmänner in langen Hosen und weißen Hemden. Andere Einheimische mit Sarongs bekleidet, einer rockähnlichen Stoffbahn, die vorne zusammengefaltet wurde, passend für alle Größen.
Händler kauerten am Straßenrand und boten ihre vom Regen durchweichten Waren feil. Zierliche Frauen balancierten schwere Körbe auf dem Kopf. Ein in Lumpen gehüllter Bettler saß auf der Erde zwischen Unrat und Morast. Sein rechter Arm war amputiert, die linke Hand streckte er mir bittend entgegen.
„Ich bleib nie länger in Colombo, als unbedingt nötig“, sagte Petra. „Nichts wie raus aus dem Chaos hier, und erst mal am Strand ein bisschen relaxen. In einem Fischerdorf bei Hikkaduwa kenn ich ein kleines, ruhiges Hotel.“

Der Wolkenbruch hatte den Busbahnhof überflutet. Als wir ausstiegen, standen wir knöcheltief in der trüben Brühe. Fremdartige Gerüche vermischten sich mit dem modrigen Gestank der Wasserlache. Kaum hatten wir den Bus verlassen, hielt auch schon eine Motor-Rikscha neben uns an.
„Tuk-Tuk, Madam?“, fragte der Fahrer. Er wartete keine Antwort ab, stieg aus und zerrte an meinem Gepäck. Ich versuchte, ihm meinen Rucksack zu entreißen, da baute sich Petra vor dem Einheimischen auf. Sie war groß, größer als der Srilanker, und sie war von ziemlich korpulenter Statur. Mit einem Handgriff schob sie den Mann einfach zur Seite.
„Glaubst du, in dem ruhigen Hotel am Strand ist noch ein Zimmer frei?“, fragte ich Petra.
„Bestimmt“, antwortete sie. „Wir bringen dich schon irgendwie unter. Der Besitzer ist ein guter Freund von mir. Außerdem kenn ich die Leute im Dorf. Ich fahr dort schon seit Jahren hin.“
Sie bahnte sich den Weg durch die Menschenmenge.
„Wir nehmen den Minibus in Richtung Hikkaduwa”, rief sie mir zu.
Petra ging schnell. Ich hatte Mühe, sie in dem Gedränge nicht aus den Augen zu verlieren. Schließlich erreichten wir den Parkplatz, auf dem die Kleinbusse standen.
Minibus war keine Untertreibung. Die Fahrzeuge waren so klein, dass man darin nicht aufrecht stehen konnte. Eigentlich boten sie Sitzplätze für acht Personen, aber sie waren vollgestopft mit Menschen, die zusammengekauert auf Sitzen, Notsitzen und auf dem Boden saßen.
An der Vorderseite der Busse war das jeweilige Fahrtziel angeschrieben, doch nur in einheimischen Schriftzeichen, die ich nicht lesen konnte. Aus jedem Bus brüllte ein Mann einen Ortsnamen mit unglaublich schneller Aussprache und sich unermüdlich wiederholend.

„Ratnapura, Ratnapura, Ratnapura...“, rief einer der Srilanker lautstark. Aus dem nächsten Bus wurde ein anderer Name gerufen. Die Männer schienen sich gegenseitig übertönen zu wollen. Völlig durchnässt folgte ich Petra über den matschigen Platz, bis sie endlich auf einen Minibus zusteuerte.
„Hikkaduwa, Hikkaduwa, Hikkaduwa...“, brüllte der Mann aus Leibeskräften.
Wir blieben vor dem Fahrzeug stehen. Sofort wurde uns das Gepäck abgenommen und auf dem Dach des Busses verstaut. Mein sperriger Rucksack hätte im voll besetzten Inneren ohnehin keinen Platz gehabt. Ein Wunder, dass Petra und ich noch hinein passten. Eine Frau nahm ihr Kind auf den Schoß, und die Fahrgäste rückten noch näher zusammen, so dass auf dem Boden eine Lücke entstand, in die wir uns zwängen konnten.
Jetzt sprang auch der Mann mit der schnellen Aussprache auf. Mit einer Hand hielt er sich an der geöffneten Schiebetür fest. Der Regen hatte nicht nachgelassen, dennoch streckte er den Kopf ins Freie, um einigermaßen aufrecht stehen zu können. Fasziniert starrte ich auf seine nackten, dunkelhäutigen Füße, die sich direkt neben mir befanden. Die Zehen standen weit auseinander, fast so wie gespreizte Finger, und er krallte sich mit den Zehen am Boden fest, wenn der Bus sich in die Kurven legte.
In der schwülen Luft hing der Geruch von Schweiß und feuchter, muffig riechender Kleidung. Das nasse Haar der einheimischen Frau neben mir verbreitete einen penetranten Geruch von Kokosöl. Aus dem Lautsprecher dröhnte Musik. Eine nervenaufreibend piepsende Frauenstimme sang eine melancholische Melodie, begleitet von den monotonen Klängen fremdartiger Musikinstrumente.
Die Fahrt führte durch die Straßen Colombos, vorbei an den Armutsvierteln am Rande der Stadt. Als wir die Behausungen hinter uns gelassen hatten, raste der Fahrer in

atemberaubendem Tempo die Küstenstraße entlang. Wenn wir ein Dorf passierten, bremste er nicht etwa ab, sondern donnerte laut hupend an den Hütten vorbei, dass die Passanten auf der Straße zur Seite springen mussten. Erst als eine große, weiße Tempelanlage in Sicht kam, nahm der Fahrer den Fuß vom Gas. Der Bus stoppte einen Moment, und der Kassierer warf ein paar Geldscheine in einen Opferkasten.

„Sie bitten Buddha, die Fahrt zu beschützen", erklärte Petra.

„Das haben wir auch bitter nötig", entgegnete ich.

Die einheimischen Fahrgäste beobachteten uns neugierig. Vor allem Petra schien ihre Aufmerksamkeit zu erregen. Aufgrund ihrer Größe und der kräftigen Statur wirkte sie riesig neben den zierlichen einheimischen Frauen. Ihre halblangen blonden Haare hingen strähnig in ihr Gesicht. Die blasse Haut war mit Sommersprossen übersät, die so zahlreich und dicht waren, dass sie an manchen Stellen große, zusammenhängende Flecken bildeten. Ein kleines einheimisches Mädchen, das neben Petra saß, starrte unverwandt auf diese braunen Flecken. Das dunkelhäutige Kind versuchte etwas weiter von Petra weg zu rücken, was jedoch in dem engen Fahrzeug unmöglich war.

Petra hatte sich entspannt zurückgelehnt und sah an mir vorbei aus der offenen Schiebetür. Zwischen Palmen und Fischerhütten konnte man das Meer sehen, das grau und aufgewühlt unter dunklen Regenwolken lag. Bizarre Felsen, an denen sich die Wellen brachen, ragten hin und wieder aus dem Wasser. Ein zufriedenes Lächeln lag auf ihrem Gesicht. Sie schien die Fahrt sehr zu genießen.

Ich dagegen hoffte nur, dass diese Tortur bald zu Ende sein würde. Zusammengekauert saß ich auf dem Boden und konnte die Beine nicht ausstrecken. In jeder Kurve versuchte ich verzweifelt, mich irgendwo festzuhalten,

um nicht aus der geöffneten Schiebetür geschleudert zu werden.
Endlich, nach dreistündiger Fahrt, erreichten wir unser Ziel. Ein kleines Fischerdorf namens Akuralla. Mit steifen Gliedern wand ich mich aus dem Fahrzeug. Unser Gepäck, das inzwischen völlig durchnässt war, wurde vom Dach des Minibusses heruntergeworfen. Dann raste der Fahrer laut hupend weiter.
Der Bus hatte direkt vor dem Hotel angehalten. Malerisch stand das einstöckige, weiße Gebäude unter mächtigen Kokospalmen. Petra wurde schon von ihrer Freundin erwartet, und ein junger einheimischer Mann mit pechschwarzem, lockigem Haar, begrüßte uns freundlich. Er stellte sich als der Manager des Hotels vor.
Petra zog zu ihrer Freundin in ein Doppelzimmer, aber für mich war kein Zimmer mehr frei. Es stellte sich heraus, dass das Hotel das einzige in dem kleinen Ort war. Die Sonne stand schon tief. Ich war müde von der langen Reise. Deshalb war ich sehr erleichtert, als der Manager mir anbot, mich für eine Nacht in einem Privatquartier unterzubringen. Am nächsten Tag würde ein Zimmer im Hotel frei werden, versprach er mir.
Die Unterkunft befand sich auf der anderen Straßenseite und war ein heruntergekommenes Gebäude, das aus einem einzigen Raum bestand. Die Wände waren feucht, es roch nach Schimmel. Spinnweben hingen an dem scheibenlosen Fenster. Durch das Dach, das mit Palmblättern gedeckt war, tropfte der Regen. Das einzige Möbelstück in dem Raum war ein Bett, dessen Matratze mit einem zerschlissenen, grünkarierten Stoff überzogen war, der noch Flecken meiner Vorgänger aufwies.
Elektrisches Licht gab es nicht, stattdessen hatte man mir eine Kerze bereitgestellt. Es gab auch keine Dusche. Ein paar Schritte von meinem Quartier entfernt zeigte mir der

Manager einen Brunnen, aus dem ich Wasser schöpfen konnte, um mich zu waschen.
Nur eine kurze Zeit der Dämmerung kündigte die Nacht an, und plötzlich war es stockdunkel. Mit der Kerze in der Hand ging ich zum Brunnen. Undefinierbare Geräusche drangen aus dem Dickicht, das sich an mein luftiges Badezimmer anschloss. Irgendwie hatte ich das Gefühl beobachtet zu werden, aber im schwachen Schein der Kerze konnte ich nicht sehen, ob sich in den Büschen ein Mensch, oder vielleicht ein Tier verbarg. Und ich konnte auch nicht erkennen, ob das Wasser, das ich aus dem dunklen Brunnen hervor beförderte, wirklich so schwarz war, wie es in dem flackernden Kerzenlicht schien.
Ich verzichtete darauf, mich auszuziehen und kippte mir das Wasser kurzerhand über Kopf und Kleidung. Dann zog ich einen zweiten Eimer Wasser aus dem dunklen Loch, tauchte mein Handtuch ein und lief hastig zurück in mein Zimmer. Dort angekommen schloss ich die hölzernen Fensterläden und stellte erst jetzt fest, dass man die Tür nicht verriegeln konnte. Während ich den Eingang nicht aus den Augen ließ, benutzte ich das nasse Handtuch, um mich zu waschen.
Moskitos summten an meinem Ohr vorbei. Geckos flüchteten die Wände hoch und an der Decke entlang. Eine überdimensionale Kakerlake suchte Schutz in der Dunkelheit unter dem Bett. Dazu kam noch meine Angst vor Spinnen. Ich versuchte nicht daran zu denken, was alles unter meinem Bett krabbeln könnte, denn ich fürchtete mich eigentlich vor allen Tieren, die mehr als vier Beine haben.
So hatte ich es ja gewollt. Na ja, vielleicht nicht ganz so. Mein Exfreund Rainer wäre jedenfalls zu einer Reise wie dieser nicht bereit gewesen. Er verbrachte seinen Urlaub lieber in einem komfortablen Hotel und hatte sich bei der

Auswahl der Ferienziele immer durchgesetzt. Dieses Mal würde ich meine Reise selbst gestalten.
Schweißgebadet und übersät von Insektenstichen erwachte ich am nächsten Morgen. Die Regenwolken hatten sich verzogen, die Sonne strahlte, und das Meer, das am Tag zuvor noch dunkelgrau und bedrohlich ausgesehen hatte, glitzerte in hellem Türkis.

*

Mein Zimmer im Hotel war bereits vorbereitet. Der weiß gestrichene Raum war einfach eingerichtet und sauber. Über dem Bett hing ein Moskitonetz, und an der Decke summte leise ein Ventilator. In einer Nische befand sich ein Bad und endlich eine Dusche.
Die anderen Hotelgäste saßen auf der Terrasse beim Frühstück. Petra war mit ihrer Freundin in ein Gespräch vertieft. An einem anderen Tisch saß ein männlicher Gast, ein kleiner, stämmiger Kerl mit rotblonden Haaren, der abwesend aufs Meer hinaus blickte. Am dritten Tisch, und mehr Tische gab es auf der kleinen Terrasse nicht, unterhielten sich zwei Frauen auf Schweizerdeutsch. Eine davon war äußerst merkwürdig gekleidet. Sie trug so etwas wie einen Safari-Anzug, bestehend aus langen Hosen und einem dazu passenden Hemd in beigegrün. Auf dem Kopf hatte sie eine Art Tropenhut. Wer weiß, in welchem Kuriositätenladen sie den aufgetrieben hatte. Ich setzte mich zu den beiden Schweizerinnen und bestellte einen Fruchtsaft.
„Das würde ich lieber nicht tun“, sprach mich die Frau im Safari-Look an. „Die mischen da doch Wasser rein. Davon kannst du krank werden.“
Daran hatte ich überhaupt nicht gedacht. Die Schweizerin musterte mich von Kopf bis Fuß.

„Wie siehst du denn überhaupt aus?“, fragte sie kopfschüttelnd.
Als ich am Morgen in meinen Spiegel gesehen hatte, war ich selbst erschrocken. Ich sah aus, als hätte ich die Masern. Die Insektenstiche, die auf meinem Gesicht und dem ganzen Körper verteilt waren, hatten sich zu roten Flecken entwickelt, die angeschwollen waren und furchtbar juckten.
„Mit einem Insektenschutzmittel wäre das nicht passiert“, belehrte mich die seltsam gekleidete Frau. Sie ging in ihr Zimmer und kam mit einer Tasche zurück, die bis zum Rand mit Medikamenten gefüllt war. Umständlich kramte sie zwischen Schachteln, Töpfchen und Tuben eine Salbe hervor.
„Darf ich vorstellen“, sagte die andere Schweizerin mit einer theatralischen Handbewegung. „Meine Schwester Brigitte. Von Beruf Krankenschwester, aus Leidenschaft Hypochonder. Krankheiten sind ihr Lieblingsthema.“
Unterdessen drehte sich der Gast am Nebentisch einen Joint. Tief sog er den Rauch ein, während er die Speisekarte studierte, als wolle er sie auswendig lernen. Schließlich bestellte er sein Frühstück bei dem Srilanker, der sich mir als Hotelmanager vorgestellt hatte. Die Berufsbezeichnung Manager hörte sich für den jungen einheimischen Mann offenbar wichtiger an, als Kellner oder Koch. Anura, so informierte mich Brigitte, war im Hotel für alle Arbeiten zuständig. Außer ihm gab es kein Personal.
Die Teller und Schälchen, die kurze Zeit später am Nebentisch aufgetragen wurden, bedeckten fast den ganzen Tisch. Frisch gepresster Fruchtsaft wurde serviert, Teigfladen, Currys, Joghurt und tropische Früchte. Genüsslich begann der Gast sein Frühstück in sich hineinzuschlingen, ohne dabei auch nur einmal aufzusehen.

„Das ist Jean", stellte Brigitte den Rotschopf vor. Angewidert beobachtete sie, wie er die umfangreiche Mahlzeit in sich hineinschaufelte. „Er ist Franzose", fuhr sie fort. „Jean versteht kein Deutsch und nur ein paar Worte Englisch, sonst würde ich ihm mal erzählen, was er seiner Gesundheit da eigentlich antut."

Besonders gesund und wohlgenährt sah die Krankenschwester allerdings auch nicht aus. Sie war so dünn, dass der Safari-Anzug wie ein leerer Sack an ihrem Körper hing. Das unzufrieden wirkende Gesicht war schmal, die Wangen eingefallen, und unter ihren Augen lagen dunkle Schatten.

Ganz anders ihre Schwester, die sich mir als Kerstin vorstellte. Sie sah aus wie das blühende Leben. Kerstin war die Jüngere der beiden. Ich schätzte sie auf Anfang bis Mitte Zwanzig. Sie war ungefähr in meinem Alter.

Nach dem Frühstück verbrachte ich den Vormittag mit Kerstin am Strand. Endlich lernte ich das Sri Lanka kennen, von dem mir Mark vorgeschwärmt hatte. Mal türkisblau, mal smaragdgrün bespülte der Ozean den kilometerlangen Sandstrand. Windschiefe Kokospalmen säumten die Bucht. Fischer stachen in buntbemalten Auslegerbooten in See oder zogen gemeinsam, mit monotonen Sprechgesängen, ihre Netze an Land. Dunkelhäutige Kinder spielten im heißen Sand und beobachteten uns neugierig. Kerstin und ich waren die einzigen Touristinnen am Strand. Brigitte zog es vor, im Schatten auf der Terrasse zu sitzen und zu lesen.

„Meine Schwester legt sich nicht freiwillig in die Sonne, auf die Gefahr hin, einen Sonnenbrand zu bekommen", erklärte Kerstin. „Selbst im Schatten schützt sie ihre Haut mit langer Kleidung vor UV-Strahlen. Brigitte kann ganz schön nerven mit ihrer Übervorsichtigkeit."

Auch Jean hielt sich die meiste Zeit auf der Terrasse auf. Er rauchte seine Joints, döste vor sich hin und hörte Mu-

sik aus seinem Walkman. Die Highlights seines Tagesablaufs schienen die Mahlzeiten zu sein, an denen er ungeahnte Aktivität, ja fast Leidenschaft entwickelte.
Für meinen Gaumen war die einheimische Küche ungewohnt. Zu braunem Reis wurden verschiedene höllisch scharfe Gemüse- und Fischcurrys gereicht. Obwohl Anura versicherte, dass er so wenig Chili wie möglich verwendet habe, trieb mir das Essen die Schweißperlen auf die Stirn. Verzweifelt rang ich nach Luft und hatte das Gefühl, jeden Moment Feuer speien zu müssen.
Brigittes empfindlicher Magen konnte das scharfe Essen überhaupt nicht vertragen. Sie ernährte sich nur von einer kleinen Portion Reis. Petra und ihre Freundin dagegen genossen die einheimische Küche. Sie waren nicht zum ersten Mal in Sri Lanka, und ihre Geschmacksnerven konnten eine gehörige Portion Chili vertragen.
Abends gab es nicht viel zu tun in dem kleinen Fischerdorf. Nach Einbruch der Dunkelheit war der Ort wie ausgestorben. In den Hütten der Einheimischen gab es kein elektrisches Licht, und auch die Straße war nicht beleuchtet. Das Hotel war das einzige Gebäude im Dorf, das über einen Stromgenerator verfügte. Der sorgte zwar dafür, dass wir Licht und kalte Getränke aus dem Kühlschrank hatten, verursachte jedoch einen höllischen Lärm, der das beruhigende Rauschen der Wellen bei Weitem übertönte.
Brigitte sprach wirklich von nichts anderem, als von Krankheiten und anderen Gefahren der Tropen. Sie konnte Horrorstorys über giftige Schlangen, Spinnen und Skorpione berichten. Wenn das Licht auf der Terrasse die Mücken anlockte, zog sie sich in ihr Zimmer unter das Moskitonetz zurück. Jean setzte die Kopfhörer seines Walkman auf und starrte in die Dunkelheit, bis er die nötige Bettschwere erreicht hatte.

Petra ließ den Abend meist mit einigen Gläsern Arrak ausklingen, einem einheimischen Schnaps, der aus Palmblütensaft gebrannt wurde. Der Alkohol machte die sonst eher reservierte Petra redselig, und sie genoss es sichtlich, Kerstin und mir von ihren Reiseerfahrungen zu berichten. Petra war älter als wir. Ich schätzte sie auf Mitte Dreißig. Sie hatte schon einiges von Sri Lanka gesehen. Seit Jahren verbrachte sie jeden Urlaub auf der Insel. Ihre Freundin Hanna, die aus Irland kam, hatte sie letztes Jahr hier kennen gelernt. Die beiden waren eine Zeit lang zusammen gereist und hatten beschlossen, sich dieses Jahr wieder zu treffen.
„Ich kenne das Land“, brüstete sich Petra. „Am Anfang hab ich mich die meiste Zeit in den Touristenorten an der Küste aufgehalten. Später bin ich durch´s Landesinnere gereist, zu den antiken Städten, den Tempeln und berühmten Buddhastatuen. Inzwischen verbringe ich meine Zeit am liebsten hier im Dorf. Hier sind die Leute noch nicht so verdorben, wie in Hikkaduwa oder den anderen Touristenghettos. Hier kann man noch echte Freundschaften finden, nicht nur Geschäftemacherei.
Sie lächelte Hanna zu. Aber ihre irische Freundin hatte natürlich nichts von dem verstanden, was Petra uns auf Deutsch erzählt hatte. Sie unterhielt sich mit Anura, der sehr gut Englisch sprach.
„Ich hab Freunde hier im Dorf“, erzählte Petra weiter und schenkte ihr Glas wieder voll. „Die Leute freuen sich jedes Mal, wenn ich wieder komme. Vor allem die Kinder.“
Zu später Stunde hatte der Arrak seine Wirkung getan. Petra leerte ihr letztes Glas und erhob sich schwerfällig, um ins Bett zu gehen.
Auch ich war todmüde. Seit meiner Ankunft machte mir die Hitze und die hohe Luftfeuchtigkeit zu schaffen. Das ruhige Hotel in dem kleinen Fischerdorf war genau der

richtige Ort, um mich erst einmal an das tropische Klima zu gewöhnen.

*

Es dauerte ein paar Tage, bis ich mich einigermaßen akklimatisiert hatte und meine Unternehmungslust erwachte. Ich beschloss, mir Hikkaduwa anzusehen, das nicht weit entfernt war. Anura begleitete mich zur Straße und hielt vor dem Hotel den Minibus für mich an.
„Hikkaduwa, Hikkaduwa?”, fragte der Kassierer. Ich nickte und quetschte mich in den überfüllten Kleinbus. Mehrere Fahrgäste standen in gebückter Haltung dicht aneinander gedrängt, die Köpfe unter der niedrigen Decke eingezogen. Wenigstens wurde dieses Mal die Schiebetür geschlossen, so dass ich nicht Angst haben musste, während der Fahrt aus dem Fahrzeug geschleudert zu werden. Umfallen konnte man jedenfalls nicht in dem mit Menschen vollgestopften Bus. Es dauerte etwa eine halbe Stunde, bis wir den Touristenort Hikkaduwa erreichten.
Kaum war ich ausgestiegen und versuchte meinen Nacken zu entspannen, sprach mich auch schon ein kleiner Junge an: „Hotel, Madam? Souvenirs? Batik?“
Eigentlich wollte ich mich erst einmal in Ruhe umsehen, aber es war nicht möglich, auch nur wenige Schritte über die Küstenstraße zu gehen, ohne von einem Händler angesprochen zu werden.
Ein Hotel reihte sich hier an das andere, Restaurants an Souvenirläden. Doch es gab keine großen Hotelkomplexe. Idyllisch duckten sich die niedrigen Gebäude unter den Palmen.
In einem Tee-Shop erkundigte ich mich nach dem Weg zur Post. Ich wollte eine Karte an meine Mutter schicken. Vor meiner Abreise hatte ich ihr versprechen müssen, regelmäßig zu schreiben. Sie war der Meinung, es sei zu

gefährlich, allein nach Asien zu reisen. Ich sei zu jung und zu unerfahren. Wahrscheinlich stellte sie sich vor, ich würde unter wilden Einheimischen im Dschungel hausen, umgeben von giftigen Schlangen und gefährlichen Krokodilen. Womöglich könnte ich überfallen und ausgeraubt werden, oder eine schwere Tropenkrankheit einfangen. Ich kannte die blühende Fantasie meiner Mutter. Vielleicht befürchtete sie auch, ich könnte Opfer eines Bombenattentats werden. Kurz vor meiner Abreise hatten die Medien in Deutschland über politische Unruhen in Sri Lanka berichtet. Es gab Konflikte zwischen hinduistischen Tamilen, die hauptsächlich im Norden und Osten der Insel lebten, und buddhistischen Singhalesen. Die Regierung Sri Lankas wurde von den Singhalesen gestellt. Die tamilische Minderheit verlangte mehr Mitbestimmungsrecht. Seit meiner Ankunft in Sri Lanka hatte ich von Unruhen nichts bemerkt. Es gab keinen Grund zur Sorge. Ich war gesund und hielt mich an einem friedlichen Urlaubsort auf. Das wollte ich meiner Mutter zu ihrer Beruhigung mitteilen.
Die Post befand sich, laut Beschreibung, etwas abseits der Hauptstraße in Richtung Landesinnere. Kaum hatte ich die Küstenstraße verlassen, war von dem Touristenrummel nichts mehr zu sehen. Hier gab es keine Hotels und keine Souvenirshops, sondern nur einfache Hütten, in denen die Einheimischen wohnten. Frauen saßen vor den Behausungen, bereiteten Mahlzeiten an offenen Feuerstellen zu, oder wuschen am Brunnen Wäsche. Immer wieder schlugen sie die Kleidungsstücke auf einen flachen Stein, dass das Wasser nach allen Seiten spritzte. Kinder spielten am staubigen Wegesrand. Eine Mädchenklasse in blauen Schuluniformen wurde im Schatten eines Palmenhains unterrichtet.
Das einfache, friedliche Dorfleben faszinierte mich. Immer weiter entfernte ich mich von der Küste. Ich ging an

den Hütten vorbei, bog in Seitenwege ein, bis mir schließlich bewusst wurde, dass ich völlig die Orientierung verloren hatte. So weit abseits der Hauptstraße konnte sich unmöglich die Post befinden. Wo war ich abgebogen? Die Hütten und Wege sahen für meine Begriffe alle gleich aus. Schließlich fragte ich einen kleinen Jungen, er war vielleicht acht Jahre alt, nach dem Weg zur Post. Ich war mir nicht ganz sicher, ob er mich verstanden hatte. Einen Moment lang überlegte er, bevor er mir mit einer Handbewegung andeutete, dass ich ihm folgen soll.

Der Kleine bog in eine Seitenstraße ein und dann in einen noch schmaleren Weg. Wir gingen an den Hütten entlang, bis wir schließlich einen Bach erreichten, in dem ein Mädchen gerade ein Bad nahm. Eimerweise kippte sie sich das klare Wasser über Kopf und Kleidung, seifte sich weiß ein und wusch sich wieder braun. Freundlich lächelnd winkte sie mir zu und tauchte mitsamt dem Tuch unter, das sie über der Brust zusammengeknotet hatte, so dass sich der nasse Stoff aufblähte und wie ein Ballon über ihr aus dem Wasser ragte.

Hier gab es nur noch wenige Hütten. Die eine Seite des Weges wurde von Reisfeldern begrenzt, hellgrüne Pflanzen in brauner, wasserüberfluteter Erde. Auf der anderen Seite wucherte dichte Vegetation. Ich blieb stehen.

„Das ist die falsche Richtung“, rief ich dem Jungen zu, der zielstrebig weiter ging.

„Yes, Madam. Batik-Manufaktur”, antwortete er mit Unschuldsmiene.

Erst jetzt durchschaute ich seine Absicht. Der Kleine hatte versucht, mich zu dieser Manufaktur zu lotsen, um dort eine Provision zu kassieren. Petra hatte mir von den Schleppern in Hikkaduwa erzählt. Für jeden gelieferten Touristen wurde von Geschäftsleuten oder Hoteliers ein bestimmter Betrag gezahlt. „Kopfgeld“, hatte sie es ge-

nannt. Und ich war naiv genug gewesen, dem Jungen bis hierher zu folgen. Jetzt sah er wohl ein, dass sein Plan nicht aufgehen würde und war plötzlich im Gebüsch verschwunden.
Vogelstimmen drangen aus dem Dickicht. Ich lauschte. Waren da, abgesehen von dem Gezwitscher, noch andere Tierlaute zu hören? Wie sollte ich von hier aus zurück zur Küstenstraße finden?
Zuerst musste ich wieder den Bach überqueren. Das Mädchen hatte inzwischen ihr Bad beendet. Die nassen Haare waren straff nach hinten gekämmt. Das Tuch klebte triefend an ihrem schlanken Körper. Ich fragte sie nach dem Weg zur Küstenstraße, aber sie konnte mich nicht verstehen. Einen Moment lang sah sie mich prüfend an. Dann stieg sie die Böschung hinauf und deutete mir an, ihr zu folgen.
Das Mädchen führte mich zurück ins Dorf. Vor einer Bambushütte blieb sie stehen. Es war heiß. Schweißperlen standen auf meiner Stirn und mein Mund war staubtrocken. Die junge Einheimische trat in die Hütte ein und kam mit einer großen gelben Kokosnuss in den Händen zurück, die sie mir reichte. Trinken, deutete sie mir an, indem sie beide Hände, als würde sie ein Gefäß halten, zum Mund führte. Ich trank den lauwarmen Saft, und sofort fühlte ich mich besser.
Neben der Hütte spielte ein kleiner Junge mit leeren Kokosnuss-Schalen. Ich schätzte ihn auf höchstens fünf oder sechs Jahre. Das Mädchen rief ihm etwas zu.
„Strand?”, fragte der Kleine auf Englisch. Ich nickte. Dann führte mich das Kind durch das Labyrinth der Hütten. Nur einmal blieb er unvermittelt stehen.
„Schlange“, bemerkte er gleichmütig und zeigte auf ein grünes Reptil, das zusammengerollt mitten auf dem Weg lag. Aus sicherer Entfernung beobachtete ich, wie sich das Kind der Schlange näherte. Er betrachtete sie von

allen Seiten. Schließlich hob er einen Stock auf und schleuderte das Reptil in hohem Bogen ins Gebüsch.
„Tot“, stellte er fest und grinste. Unbeeindruckt ging der kleine Junge weiter, und ich wich nicht von seiner Seite, bis wir die Hauptstraße erreicht hatten. Er begleitete mich noch bis zum Postamt. Es befand sich in einer Seitenstraße, nicht weit von der Küstenstraße entfernt.
Bevor es dunkel wurde fuhr ich zurück nach Akuralla. Petra saß vor einer der Fischerhütten und trank mit den einheimischen Frauen Tee. Sie musste sich durch Gesten mit ihnen verständigen. Die Fischerfrauen sprachen kein Englisch. Nur einer der Söhne, ein zirka zehnjähriger Junge, konnte ein paar Worte übersetzen. Petra verteilte Geschenke und hielt das Jüngste der Familie auf dem Arm.
Hanna hielt sich bei Anura in der Küche auf und half dem Koch bei der Zubereitung des Abendessens. Sie interessierte sich sehr für die einheimische Küche, und es war nicht zu übersehen, dass sich Anura sehr für Hanna interessierte.
Jean saß auf der Terrasse und genoss den Sonnenuntergang. Erst orange, dann blutrot, bis hin zu dunklem Violett färbte sich der Himmel über dem Meer.
Am Tisch daneben warteten Brigitte und Kerstin auf das Abendessen. Brigitte erzählte gerade von einer Tropenkrankheit mit Namen Elephantiasis, bei der die menschlichen Gliedmaßen bis zur Größe von Elefantenkörperteilen anschwellen können.
„Oft sind auch die Geschlechtsteile betroffen“, erklärte sie ihrer Schwester. „Ich habe in einem Buch Fotos von Männern gesehen, bei denen die Hoden bis zur Größe von Wassermelonen angeschwollen waren.“
Ich setzte mich zu den Schweizerinnen und Kerstin schien erleichtert, endlich das Thema wechseln zu können, bevor das Essen aufgetragen wurde.

Plötzlich sah ich am Strand einen einheimischen Mann, der sich mit schnellen Schritten dem Hotel näherte.
„Anura", rief er schon von Weitem.
Unser Hotelmanager kam aus der Küche und begrüßte den Srilanker. Irgendetwas musste passiert sein. Anuras Gesicht zeigte Entsetzen, als er hörte, was der Mann zu berichten hatte. Die beiden zogen sich in die Küche zurück. Wir hörten, wie sie aufgeregt miteinander diskutierten, aber natürlich konnten wir kein Wort verstehen. Schließlich beruhigte sich ihr Tonfall ein wenig. Der fremde Srilanker kam aus der Küche, nickte uns zu und verließ das Hotel.
„Es hat ein schreckliches Massaker gegeben", berichtete Anura uns wenig später. „Tamilische Rebellen haben im Norden eine Armeetruppe überfallen und die singhalesischen Soldaten ermordet. Die Bevölkerung ist sehr aufgebracht. Die Tat wird gerächt werden."
Hass blitzte in den sonst so sanften Augen. Anura war selbst Singhalese, so wie die meisten Srilanker, die hier an der Südwestküste lebten.
„Für euch besteht keine Gefahr", beruhigte uns Anura. „Die Unruhen sind auf der anderen Seite der Insel. Die tamilischen Rebellen, die sich Tamil Tigers nennen, sind weit weg von hier."

*

Immer öfter machte ich Ausflüge nach Hikkaduwa. Das Flair der kleinen Ortschaft gefiel mir, wenn nur diese aufdringlichen Schlepper und Händler nicht gewesen wären, die den Bummel durch die Straßen zu einem Spießrutenlauf werden ließen. Unermüdlich versuchten sie, mich in ein Gespräch zu verwickeln, oder mich in irgendeinen Shop zu lotsen. Die geschäftstüchtigen Jungs

stellten immer die gleichen Fragen: „Wie ist dein Name? Woher kommst du? Reist du alleine?“
„Ich kann dir Hikkaduwa zeigen“, bot mir einer der jungen Einheimischen an. „Wenn du ein Motorrad mietest, kann ich dir die ganze Insel zeigen.“
Dann nestelte er unbeholfen an dem Knoten seines Sarongs herum und meinte mit rauer Stimme und Augenaufschlag: „Wenn du willst, kann ich dir alles zeigen.“
Aber ich war nicht daran interessiert „alles“ zu sehen und betrat einen Laden, um das Gespräch zu beenden. Zuerst musste ich mich an das schummrige Licht in dem fensterlosen Raum gewöhnen. Die Luft war angefüllt mit einem fast betäubenden Geruch von schweren Duftölen, asiatischen Gewürzen und tropischen Früchten.
Bis unter die Decke waren die Regale vollgestopft mit Haushaltswaren, Souvenirs, Schmuck und Lebensmitteln. Der alte Mann, der vor dem Shop im Schatten gesessen hatte, war mir gefolgt. Zunächst blieb er an der Tür stehen und ließ mich umschauen. Dann reichte er mir ein Glas schwarzen Tee und bot mir an, mich für einen Moment zu setzen.
Kaum hatte ich sein Angebot angenommen, begann er, mir seine Waren zu präsentieren. Der stark gezuckerte Tee war heiß. Ich konnte nur langsam trinken. Gelangweilt sah ich mir die Waren an, ohne an einem Kauf interessiert zu sein. Aber dann befand sich in dem umfangreichen Angebot doch ein Stück, das mein Interesse weckte. Es war ein kunstvoll gearbeiteter, silberner Ring mit einem großen Saphir. Ich nahm ihn in die Hand, um ihn näher zu betrachten. Das war das Startzeichen für den Verkäufer, mich in Preisverhandlungen zu verwickeln. Er pries die Vorzüge und den Wert des Schmuckstückes, hielt den Ring gegen das Licht, das zur Tür hereinfiel. Ging, als er meinen skeptischen Blick sah, mit dem Preis noch herunter. Ein spezielles Angebot nur für mich, ver-

sicherte er. Mein Teeglas war fast leer. Der Alte wurde immer aufdringlicher in seinem Bemühen, mir diesen Ring zu verkaufen. Er drängte mich, das Schmuckstück doch einmal anzuprobieren. Wieder bot er einen noch günstigeren Preis, natürlich nur, weil mir der Ring so gut stehen würde. Er verdiene nichts mehr daran, jammerte er.

In diesem Moment betrat ein Kunde den Laden. Zuerst konnte ich im Gegenlicht nur erkennen, dass er einen Sarong trug. Der Mann war ungewöhnlich groß für einen Einheimischen. Er war gut einen Kopf größer als der Verkäufer. Erst als der Mann direkt vor mir stand, bemerkte ich, dass er gar kein Srilanker war. Seine Haut war braungebrannt und kaum heller, als die des Verkäufers. Auf seinem Oberarm hatte er eine Tätowierung in Form eines Cannabisblattes. Sein Haar war hellblond, und er musterte mich mit tiefblauen Augen.

Der Alte schien ihn zu kennen. Er zeigte sich nicht besonders begeistert von seinem Erscheinen. Sofort versuchte er, den Kunden in die Ecke zu manövrieren, in der sich die Lebensmittel befanden. Ganz offensichtlich wollte er ihn schnell wieder loswerden, um die Preisverhandlungen mit mir ungestört fortsetzen zu können. Aber der Tourist im Sarong ließ sich Zeit und prüfte die Früchte, die der Verkäufer ihm anbot, genau. Dann kam der Blonde auf mich zu. Ich saß immer noch auf dem Stuhl und hielt das inzwischen leere Teeglas in der Hand. Er beugte sich zu mir herab, so nah, dass seine halblangen Haare meine Schulter streiften. Mit angenehm tiefer Stimme flüsterte er mir ins Ohr: „Wenn du ihm die Hälfte zahlst, ist das immer noch zuviel."

Er hatte Deutsch gesprochen. Woher wusste er, dass ich Deutsche war? Ich hatte kein Wort gesagt, seitdem er den Laden betreten hatte. Augenzwinkernd lächelte er mir zu und bezahlte die Papayas, die er ausgewählt hatte. Ohne

den Versuch zu handeln, gab der Verkäufer ihm das Wechselgeld zurück.
„Bis bald“, verabschiedete sich der Deutsche, an mich gewandt, und verließ den Laden.
Auch ich stand jetzt auf und ging an dem enttäuschten Alten vorbei, der schon wieder ein dampfendes Teeglas in der Hand hielt. In einiger Entfernung konnte ich noch den Deutschen im Sarong sehen, der barfuß in Richtung Ortsende ging. Keine Schlepper folgten ihm oder sprachen ihn an. Nur ein paar einheimische Jungs grüßten ihn von der anderen Straßenseite.
Es dämmerte bereits. Gern hätte ich den Abend in einem der Restaurants in Hikkaduwa verbracht, aber es war Zeit den Bus nach Akuralla zu nehmen.
Die Abende in meinem Hotel begannen mich zu langweilen. Der Franzose hing bekifft in einem Sessel und starrte in die Dunkelheit. Petra soff sich mit Arrak den Abend schön und schwang Reden über ihre Reiseerfahrungen und über ihre vielen Freunde unter den Einheimischen. Hanna und Anura waren sich inzwischen näher gekommen und bevorzugten die Zweisamkeit. Und Brigitte war nach wie vor damit beschäftigt, die Reaktionen ihres Körpers genau zu analysieren. Bald hatte ich es satt, mir beim Abendessen die Einzelheiten ihrer Verdauungsprobleme anzuhören.
Die Vormittage mit Kerstin am Strand genoss ich dagegen sehr. Hier in der malerischen Bucht gab es keine aufdringlichen Beachboys, wie in Hikkaduwa. Nur manchmal leisteten uns ein paar einheimische Kinder Gesellschaft. Schüchtern und unbeholfen übten sie sich im Business mit Touristen.
„Schönes Feuerzeug“, schmeichelte einer der Kleinen, als Kerstin sich mit einem bunten Einwegfeuerzeug eine Zigarette anzündete.
„So eins würde meinem Vater gefallen.“

Er hielt Kerstin eine große Muschel hin.
„Die gebe ich dir dafür.“
„So klein und schon so geschäftstüchtig“, lächelte Kerstin. „Du kannst es haben.“
Der Junge strahlte. Der Deal war gelungen.
„Wenn du willst, kannst du auch kommen“, bot er Kerstin an.
„Wohin kommen?“
„Zu meiner Familie. Tee trinken, wie die Frau mit den Flecken.“
Kerstin grinste. „Du meinst Petra?“
„Ja, das ist ihr Name. Meine Mutter sagt, sie ist eine arme Frau. Hat keinen Mann und keine Kinder. Deshalb darf sie auch das Baby halten.“
„Ich hab auch keinen Mann und keine Kinder“, entgegnete Kerstin.
„Das macht nichts“, beruhigte der Kleine sie. „Du bist noch jung und schön. Du kannst noch einen Mann bekommen.“
Gegen Mittag, wenn es am Strand zu heiß wurde, fuhr ich nach Hikkaduwa. In den Restaurants und Teeshops traf sich eine internationale Mischung von Reisenden. Als Touristen ließen sie sich nicht gerne bezeichnen. Touristen waren diejenigen, die ihren gesamten Aufenthalt in einem der größeren Hotels verbrachten. Von diesen Urlaubern wollten sich diejenigen, die das Land auf eigene Faust erkundeten, abgrenzen. Sie bezeichneten sich als Traveller. Manche von ihnen reisten ein paar Wochen lang durch Sri Lanka, andere waren schon seit Monaten unterwegs. Es wurden Erfahrungen ausgetauscht, von denen ich allerdings noch nicht viele vorzuweisen hatte. Eine Schottin erzählte mir von Nordindien, wo sie sich ein halbes Jahr lang aufgehalten hatte. Ein junger Engländer schwärmte von einer Trekking-Tour in

Nepal. Man kam schnell miteinander ins Gespräch, vor allem diejenigen, die allein reisten.
In einem dieser Restaurants lernte ich Margot und Theresa kennen. Die beiden Österreicherinnen kamen jeden Tag hier her. Irgendwie gaben die zwei Frauen ein ungleiches Paar ab. Margot, die Ältere der beiden, war eine temperamentvolle, quirlige Person, die jeden, der mit ihr am Tisch saß, sofort in ein Gespräch verwickelte. Sie war eine auffällige Erscheinung. Ihr Haar war hennarot gefärbt. Um die Hüften trug sie ein bunt gemustertes Tuch und dazu ein miederähnliches Oberteil, wie es die einheimischen Frauen trugen. Ihre nackte Taille war mit einer Bauchkette geschmückt, an der kleine Glöckchen befestigt waren. Bei jedem Schritt, den sie ging, ertönte ein silbriger Klang.
Ganz anders Theresa, die jüngere der Österreicherinnen. Sie war höchstens achtzehn oder neunzehn Jahre alt. Meist saß sie still und schüchtern in der Runde. Ihre Kleidung war schlicht und unauffällig. Die blonden Haare trug sie streng nach hinten gekämmt und zu einem Zopf zusammengebunden. Aber so verschieden die beiden Frauen auf den ersten Blick wirkten, wiesen ihre Gesichtszüge doch gewisse Ähnlichkeiten auf. Beide hatten ausgeprägte Wangenknochen und eine spitze, etwas nach oben gebogene Nase. Sie hätten Schwestern sein können.
Ich hatte den beiden erzählt, dass ich vorhatte, mir ein Zimmer in Hikkaduwa zu suchen. Margot und Theresa schlugen vor, mir ihre Unterkunft zu zeigen, die etwas außerhalb des Ortes lag. Dort war gerade ein Zimmer frei geworden.
Zunächst folgten wir der Hauptstraße bis die Souvenirgeschäfte, Restaurants und Hotels sich lichteten und die ersten Fischerhütten erschienen. Hier gab es keine Schlepper mehr, und um so weiter wir uns vom Zentrum

entfernten, desto weniger Touristen begegneten uns. Die Einheimischen, die vor ihren Hütten saßen, zeigten kein Interesse an uns, und am Strand, der hin und wieder zwischen den Hütten sichtbar wurde, waren keine Touristen zu sehen.

Schließlich erreichten wir unser Ziel. Von der Straße aus war nur an einem unscheinbaren, handgemalten Schild zu erkennen, dass hier Zimmer vermietet wurden. Zwischen zwei Hütten führte ein schmaler Weg in Richtung Strand. Wir folgten dem Pfad und standen plötzlich inmitten eines wunderschönen tropischen Gartens. Bananenstauden und duftende Blumen säumten eine kleine Terrasse, von der aus ein paar Stufen zum Strand hinunter führten. Neben der Treppe befanden sich drei kleine Häuschen, die hellblau angestrichen waren. Auf dem einzigen Tisch auf der Terrasse lag eine Katze und döste im Schatten. Im Garten spielte ein kleiner Junge, und auf einer Leine flatterte Wäsche im Wind. Zuerst glaubte ich, mich in einem privaten Garten zu befinden, doch Margot und Theresa ließen sich an dem Tisch nieder, und kurz darauf kam ein älterer Mann aus der Hütte.

Sein Haar war dunkelgrau. Er ging etwas breitbeinig und nach hinten geneigt, wobei er seinen kugelrunden Bauch nach vorne streckte, als wollte er mit dieser Körperhaltung verhindern, dass sein Sarong nach unten rutscht. Wir tranken Tee. Kalte Getränke gäbe es heute leider nicht, entschuldigte sich der Grauhaarige, der Strom sei ausgefallen.

Margot und Theresa bewohnten eines der hellblauen Häuschen. Das zweite hatte ein Deutscher gemietet, der für ein paar Tage nach Colombo gefahren war. Das dritte Haus stand zur Zeit leer. Der Vermieter holte den Schlüssel, damit ich es besichtigen konnte.

Eigentlich war es nur ein einziger heller Raum, in dem ein Bett und ein Tisch standen. In einer Nische des Zim-

mers befand sich das Bad. Ein rostiges, gebogenes Rohr ragte als Dusche aus der Wand. Über eine Rinne im Betonboden wurde das Wasser abgeleitet, das durch eine Öffnung in der Mauer nach draußen fließen konnte. Dort wurde es für die Bewässerung des Gartens genutzt. Das große Fenster im Zimmer gab einen wunderschönen Blick auf den Strand frei, und die Meeresbrise sorgte für eine angenehme Temperatur.
Schnell wurde ich mit dem grauhaarigen Vermieter einig und machte mich auf den Rückweg nach Akuralla, um mein Zimmer zu kündigen. Hanna, die ihre Unterkunft immer noch mit Petra teilte, brachte ihr Gepäck am nächsten Tag in mein Zimmer. Sie war froh, endlich mit Anura ungestört zusammen sein zu können. Und ich zog in die grüne Oase am Rand von Hikkaduwa um.

# II

Mein neuer Vermieter hieß Mr. Sirisena. Er lebte in einer Hütte, die aus Palmblättern geflochten war, mit seiner Frau und seinen drei Kindern. Der einzige Raum diente der Familie als Wohnzimmer und Schlafstätte. Gekocht wurde im Freien, auf einer Feuerstelle, die durch eine Bambuswand vom Garten abgetrennt war.

Den ältesten Sohn und die Tochter bekamen wir nur selten zu Gesicht. Jedes Mal, wenn wir den Garten betraten, zogen sich die beiden sofort in die Hütte zurück. Nur der Jüngste, ein etwa sechsjähriger Junge, half gelegentlich beim Servieren der Mahlzeiten.

Die Frau unseres Vermieters hielt sich immer im Hintergrund. Sie war eine ältere, wohlbeleibte Frau mit graumelierten Haaren, die sie im Nacken zu einem dicken Zopf geflochten hatte. Genau wie ihr Mann ging sie etwas nach hinten geneigt, und zwischen ihrem bunten Wickelrock und dem eng anliegenden, geknöpften Oberteil quoll der dicke, braune Bauch hervor. Im Garten hielt sie sich nur auf, wenn wir die Terrasse verlassen hatten. Dann ging sie schweigend ihrer Arbeit nach, schrubbte die Wäsche am Brunnen auf einem flachen Stein oder fegte den Sand von den Steinplatten.

Mrs. Sirisena sprach kein Englisch. Der jüngste Sohn, Upali, übernahm die Rolle des Dolmetschers. Selten hörte man die Mutter ein Wort sagen. Wenn der Kleine ihr unser Anliegen übersetzte, lächelte sie nur freundlich und wackelte mit dem Kopf, wie es die Einheimischen als Zeichen der Zustimmung taten. Es war kein Nicken und kein Kopfschütteln, sie neigte den Kopf kurz zur einen Schulter, dann zur anderen und wiederholte die Bewegung mehrmals.

In unserer familiären Unterkunft gab es keine Speisekarte. Bestellten wir Fisch zum Abendessen, so ging Mr. Sirisena zum Strand und besorgte frischen Thunfisch, Hai oder kleinere Meerestiere, je nachdem was die Fischer gerade an Land gezogen hatten. Äußerten wir keine speziellen Wünsche, gab es das Nationalgericht Reis und Curry. Zu einer Mahlzeit gehörten mindestens fünf dieser scharfen Gemüsecurrys, die in kleinen Schälchen zu braunem Reis gereicht wurden.
„Es ist nicht heiß", beteuerte Upali jedes Mal, wenn er die Currys servierte, wobei er damit nicht die Temperatur des Essens, sondern die Schärfe meinte. Und dann beobachtete er aus einiger Entfernung, wie uns das Essen die Schweißperlen auf die Stirn trieb und wir verzweifelt nach Luft rangen. Zu den Mahlzeiten wurde uns eine große Schale mit Kokosraspeln gereicht. Die sollten angeblich die Schärfe der Gewürze mildern. Wir benötigten eine Menge Kokosraspeln. Der Sechsjährige, der uns grinsend zusah, knabberte unterdessen Chilischoten, als wären sie Süßigkeiten.
Am Abend blieb Mr. Sirisena wach, bis wir uns in die Zimmer zurückgezogen hatten. Dann legte er sich zum Schlafen auf den Holztisch auf der Terrasse. Zwar versicherte er, dass er unter freiem Himmel besser schlafen könnte, als in der stickigen Hütte, aber ich hatte doch das Gefühl, dass er den Platz und seine Gäste bewachen wollte. Wenn in der Nacht mal wieder der Strom ausfiel, lag ich auf meinem Bett, eine Taschenlampe griffbereit, und lauschte den Geräuschen, die durch das Fenster in mein Zimmer drangen. Dem Rauschen der Wellen, dem Knistern der Palmblätter, dem Zirpen der Grillen, dem Kläffen der Hunde - und Mr. Sirisenas leisem Schnarchen, das von der Terrasse zu hören war und mich beruhigt einschlafen ließ.

Vormittags genoss ich die Ruhe am Strand. Hier gab es keine Händler und Schlepper. Nur ein paar schwarze, abgemagerte Kühe lagen im Schatten einer Palme. Eine von ihnen kaute gemächlich an einem Stück Zeitungspapier. Theresa saß auf der Terrasse und schrieb seitenlange Briefe. Margot joggte am Strand entlang. Sie war immer in Bewegung. Um die Mittagszeit wurde es Margot in unserer Unterkunft zu langweilig. Sie machte sich auf nach Hikkaduwa. Theresa und ich begleiteten sie.
Wir schlenderten über die Hauptstraße. Ein ziemlich zeitaufwendiges Unternehmen, da wir von den Boys geradezu belagert und umringt wurden. Theresa war schon völlig entnervt, aber Margot ließ sich von den aufdringlichen Händlern einfach nicht aus der Ruhe bringen. Freundlich unterhielt sie sich mit jedem, der sie ansprach und beantwortete geduldig immer dieselben Fragen. Nur ihr Alter, nach dem sie von den Boys gefragt wurde, gab sie nicht preis. Bereitwillig ließ sie sich in jeden Souvenirshop manövrieren, in sämtliche Schmuckgeschäfte, Batikshops, Boutiquen und Antiquitätenläden. Aber Margot kaufte nichts, sondern flirtete mit den Jungs, und wenn deren Repertoire weitgehend erschöpft war, begann sie selbst die Fragen zu stellen.
„Bist du in Hikkaduwa aufgewachsen?“, fragte sie einen etwa achtzehnjährigen Schmuckverkäufer.
Der bejahte, indem er mit dem Kopf wackelte.
„Bestimmt hast du eine nette kleine Freundin“, plauderte Margot weiter und musterte den Jungen von Kopf bis Fuß.
„Eine Freundin habe ich nicht“, entgegnete der Einheimische. „Unsere Mädchen sind anders, als die Touristinnen aus Europa. Leider.“
Theresa drängte zum Gehen, aber der junge Srilanker wich nicht von Margots Seite. Er begleitete uns, bis wir

ein Restaurant betraten und blieb wartend am Eingang stehen.
Margot jedoch nahm keine Notiz mehr von ihm. Schon kurze Zeit später war sie in ein Gespräch mit einem blonden Dänen vertieft, der am Tisch neben uns saß. Es dauerte nicht lange, da setzte sie sich zu ihm, und er bestellte eine Runde Bier. Für die Einheimischen war Bier ein Luxusgetränk. Es wurde in dreiviertel Liter Flaschen serviert. Der Kellner kredenzte den beiden das Gebräu, als handle es sich um einen erlesenen Wein. Margot amüsierte sich großartig mit dem Dänen, und der Flasche folgten noch etliche weitere. Inzwischen war die Sonne untergegangen. Theresa drängte zum Aufbruch. Aber Margot dachte nicht daran, den Abend jetzt schon abzubrechen. Je höher ihr Alkoholpegel stieg, desto heftiger flirtete sie mit dem Blonden. Zu Theresa und mir hatten sich zwei Engländerinnen gesellt, die Interessantes über ihre Reise durch Thailand erzählten. Und so wurde es spät an diesem Abend. Erst als plötzlich eine junge Frau auftauchte, die den Dänen mit stürmischer Umarmung begrüßte, entschloss sich auch Margot, den Abend zu beenden.
Wir nahmen die ziemlich angetrunkene Margot in die Mitte und machten uns auf den Weg zu unserem Hotel. Als wir die Restaurants und Shops hinter uns gelassen hatten, herrschte Dunkelheit auf der Straße. Kein Lichtschein drang um diese Zeit mehr aus den Fischerhütten. Zum Glück hatte Theresa vorsorglich eine Taschenlampe eingesteckt.
Streunende Hunde folgten uns am Straßenrand, abgemagerte Tiere mit räudigem Fell. Einer hatte eine blutige Wunde am Hals und hinkte. Knurrend, mit gesenktem Kopf, lief er in kurzer Distanz hinter uns her. Wir versuchten, ihn nicht zu beachten. Nur wenn er uns zu nahe kam, leuchtete Theresa ihm mit der Taschenlampe in die

Augen. Dann blieb er für einen Moment geblendet stehen, und wir konnten wieder einen größeren Abstand gewinnen.
Als ich mich nach unserem Verfolger umdrehte, bemerkte ich in einiger Entfernung eine Gestalt, die uns offenbar ebenfalls folgte. Jetzt, da sich der Mann entdeckt fühlte, kam er mit schnellen Schritten näher. Kaum hatte er uns erreicht, verpasste er dem Vierbeiner einen Tritt, dass das Tier winselnd im Gebüsch landete. Die anderen Hunde zogen die Schwänze ein und suchten das Weite.
„Die Hunde werden wieder kommen", warnte der junge Mann. „Soll ich euch zum Hotel begleiten?"
Margot nahm das Angebot sofort dankend an, und auch Theresa, die sich vor den Vierbeinern schrecklich fürchtete, nickte zustimmend.
„Wie ist dein Name?", fragte der junge Srilanker Margot. „Woher kommst du?"
Erst jetzt konnte ich das Gesicht des Mannes im Schein der Taschenlampe genauer sehen und erkannte den jungen Schmuckverkäufer, der uns schon in Hikkaduwa gefolgt war. Margot musste ihn doch auch wiedererkennen. Aber sie benahm sich, als hätte sie den Mann noch nie gesehen und spielte bereitwillig das Frage-und-Antwort-Spiel mit.
„Bist du verheiratet?", fragte der Srilanker unterdessen weiter.
„Ich war verheiratet", antwortete Margot. „Mein Mann ist vor einem Jahr gestorben. Jetzt bin ich allein."
Da blieb Theresa abrupt stehen. „Hör endlich auf mit den Spielchen, Mama", schrie sie Margot an. „Mein Vater ist nicht tot. Ich habe deine Lügen so satt."
Dann wandt sie sich an den jungen Einheimischen: „Und du verschwinde. Lass meine Mutter in Ruh. Du könntest doch ihr Sohn sein."

Obwohl sie den Srilanker in ihrer Aufregung auf Deutsch angebrüllt hatte, verstand der sofort die Aufforderung.
„Wir sehen uns“, verabschiedete er sich von Margot und verschwand zwischen den Fischerhütten in Richtung Strand.
„Was fällt dir eigentlich ein, dich in meine Angelegenheiten zu mischen“, keifte jetzt Margot.
„Wir hatten eine Abmachung. Wir reisen als Freundinnen und machen uns gegenseitig keine Vorschriften. Für mich ist dein Vater tot. Ich hab mir fast zwanzig Jahre lang von ihm sagen lassen, was ich zu tun und zu lassen habe. Jetzt mach ich, was mir gefällt, und selbst du wirst mich davon nicht abhalten.“
Sie torkelte ein paar Schritte auf den Straßenrand zu, drehte sich noch einmal um und zischte: „Und außerdem sollst du mich vor anderen nicht Mama nennen!”
Dann schwankte sie in die Richtung, in die der junge Srilanker verschwunden war. Ich ging weiter mit Theresa durch die Dunkelheit zu unserem Hotel.
„Sie bildet sich ein, sie könnte hier, wo sie niemand kennt, ihre Jugend nachholen“, sagte Theresa niedergeschlagen. „Nächsten Monat wird meine Mutter sechsunddreißig.“
Margot kam in dieser Nacht nicht ins Hotel zurück, und auch am Morgen, als ich mit Theresa frühstückte, war sie noch nicht da. Ihre Tochter war in großer Sorge: „Seit meine Eltern sich getrennt haben, ist meine Mutter völlig verändert“, sagte Theresa. „Ich weiß nie, was sie als Nächstes tut und hab immer das Gefühl, ich müsste auf sie aufpassen. Dabei ist sie doch meine Mutter.“
Margot kam gegen Mittag zurück. Die hennaroten Haare waren zerzaust, das Gesicht blass und übernächtigt. Sie sah uns einen Moment lang mit wirrem Blick an, als würde sie uns überhaupt nicht kennen. Dann ging sie wortlos an uns vorbei in ihr Zimmer und kam bis zum

späten Nachmittag nicht mehr heraus. Als Margot das Zimmer wieder verließ, war ihr anzusehen, dass es ihr nicht gut ging. Aber sie erzählte weder Theresa noch mir, was in der Nacht vorgefallen war.
An diesem Abend hatte Margot keine Lust nach Hikkaduwa zu gehen. Ausnahmsweise wollte sie einen ruhigen Abend auf der Terrasse unseres Hotels verbringen. Theresa ging früh in ihr Zimmer, die Stimmung zwischen Mutter und Tochter war eisig.
„Ich hab einem Touristen eine Flasche Whisky abgekauft, die sollten wir uns heute Abend gönnen“, schlug Margot vor, nachdem ihre Tochter zu Bett gegangen war.
„Mr. Sirisena, trinken Sie ein Glas mit uns“, lud sie unseren Vermieter ein. „Einen schottischen Whisky bekommt man in Sri Lanka nicht alle Tage.“
Mr. Sirisena lehnte dankend ab. Doch nachdem seine Frau und die Kinder schlafen gegangen waren, setzte er sich doch zu uns an den Tisch.
„Meine Familie braucht das nicht zu sehen“, flüsterte er, als Margot ihm einschenkte. „Ich muss Vorbild für meine Kinder sein. Sie wissen nicht viel über Alkohol. Sie sehen nur, dass er die Touristen manchmal verrückt macht.“
Aber der schottische Whisky schmeckte ihm doch, und Mr. Sirisena leerte das Glas in einem Zug.
„Das ist was anderes, als Arrak“, lobte er und schob Margot sein Glas erneut zu, damit sie ihm nachschenkte.
Der Whisky tat schnell seine Wirkung. Mr. Sirisena war es nicht gewohnt, Alkohol zu trinken. Unser sonst so zurückhaltender Vermieter geriet ins Plaudern und wurde ein klein wenig sentimental.
„Als ich ein Junge war“, erzählte er, „war Hikkaduwa noch ein verschlafenes Dorf. Mein Vater war Fischer. Geld hatten wir nur wenig, aber immer genug zu Essen. Ich weiß noch, als die ersten Touristen ins Dorf kamen.

Mit Rucksäcken reisten sie an. Sie verbrachten ihre Zeit am Strand und wohnten bei den Fischern und Reisbauern, die sie gut für Unterkunft und Essen bezahlten. Wir haben nie an Touristen vermietet. Mein Vater wollte nichts mit ihnen zu tun haben. Er sagte, sie würden unser Denken verderben. Inzwischen bestimmen die Fremden das Leben in Hikkaduwa. Mein Vater ist schon lange tot. Manchmal bin ich froh, dass er nicht mit ansehen muss, was aus dem Dorf und den Menschen hier geworden ist."

„Die Touristen haben nicht nur Schlechtes gebracht," erwiderte Margot. „Sie bringen Geld. Sie selbst leben doch von ihren Gästen."

„Das ist richtig", stimmte Mr. Sirisena zu. „Es geht uns gut. Aber manchmal sorge ich mich um meine Kinder. Ich möchte nicht, dass meine Söhne so werden, wie die Beachboys in Hikkaduwa. Die wollen nicht mehr zur Schule gehen, manche handeln mit Drogen. Einige verkaufen ihre Körper an die Weißen. Die Väter können nichts dagegen tun. Schließlich verdienen die Boys oft an einem Tag so viel, wie ein Fischer oder Reisbauer im ganzen Monat. Dieses Leben ist nicht gut für unsere Söhne."

„Sie sprechen nur von den Söhnen, was ist mit ihrer Tochter?", hakte Margot nach. „Wir bekommen sie so selten zu Gesicht. Ich weiß, dass sie Englisch spricht. Sie ist eine gebildete junge Frau. Ich würde mich gern mal mit ihr unterhalten, aber ich habe das Gefühl, sie geht uns aus dem Weg."

„Meine Tochter wird bald heiraten", entgegnete Mr. Sirisena. „Bis dahin wird sie sich von den Gästen fern halten. Die Mädchen, die sich zu viel mit Touristen abgeben, heiraten nicht in gute Familien. Mit den Eltern des Bräutigams habe ich schon alles arrangiert. Nächste Woche wird meine Tochter ihren zukünftigen Mann kennen ler-

nen. Ich habe einen guten Ehemann für sie gefunden. Er ist älter als sie und erfahren."
„Sie haben ihre Tochter einem fremden, älteren Mann versprochen?" In Margots Stimme flammte Empörung auf. „Was ist, wenn sie ihn nicht mag?"
„Wenn sie eine gute Ehefrau ist, wird sie mit ihm ein gutes Leben haben", antwortete Mr. Sirisena nur. „In unserem Land ist eben manches anders, als in Europa."
Er bedankte sich für den Whisky und verabschiedete sich. In dieser Nacht schlief unser Vermieter nicht auf dem Tisch unter freiem Himmel, sondern in der Hütte bei seiner Familie.

*

Am nächsten Morgen merkte ich, dass mir der Whisky auch zu Kopf gestiegen war. Es ging mir schlecht. In meinem Zimmer war es unerträglich schwül. Ich öffnete die Fensterläden und hoffte, dass die frische Meeresbrise meinen Kopf wieder in denkfähigen Zustand versetzen würde.
Am Strand sah ich einen jungen Mann, der einen Sarong trug. Sein Blick war über das Meer gerichtet. Die Gischt umspülte seine nackten Füße. Hell leuchteten die blonden Haare in der Sonne. An seiner Schulter konnte ich eine Tätowierung erkennen, in Form eines Cannabisblattes. Ich erkannte ihn sofort wieder. Seit unserer Begegnung in dem Shop in Hikkaduwa hatte ich ihn nicht wieder gesehen. Er musste Christian, der Bewohner des dritten Hauses sein. Margot hatte erwähnt, dass er heute aus Colombo zurückkommen würde. Sie hatte mir schon von ihm erzählt.
„Er reist seit über einem Jahr durch Sri Lanka und Indien", hatte sie gesagt. „Die meiste Zeit verbringt er mit

den Einheimischen. Wir haben nicht viel Kontakt mit ihm.“

Christian frühstückte nicht mit uns, sondern mit Mr. Sirisena an einem kleinen Tisch neben der Küche. Während für uns Toast aufgetragen wurde, gab es für ihn schon morgens Reis und Dhal, ein höllisch scharfes Curry aus roten Linsen. Genau wie die Srilanker benutzte er kein Besteck, sondern die Hand zum Essen. Er mischte den Reis und den Linsenbrei mit der rechten Hand und formte kleine Portionen, die er dann mit den Fingern zum Mund führte. Nach dem Essen brachte Upali ihm eine Schale mit Wasser und Limonenstücken, in der er seine Hand reinigen konnte.

Christian verbrachte die meiste Zeit auf dem Platz oder machte lange Strandspaziergänge.

„Er ist ein Einzelgänger“, hatte Margot ihn charakterisiert.

Genau wie die einheimischen Frauen wusch er seine Wäsche auf dem flachen Stein am Brunnen. Am Abend nahm er zusammen mit Mr. Sirisena sein Reis und Curry ein. Die Frau unseres Vermieters und ihre Kinder aßen in der Hütte. Das scharfe Essen schien Christian nicht das Geringste auszumachen.

„Meine Geschmacksnerven haben sich längst an die Schärfe gewöhnt“, sagte er zu mir. „Außerdem schützen die Gewürze vor Krankheiten.“

Als ich einmal einen Bissen seiner Mahlzeit probierte, hatte ich wirklich das Gefühl, Desinfektionsmittel zu schlucken.

Margot kam meist spät in der Nacht von ihren Streifzügen durch die Restaurants von Hikkaduwa zurück. Theresa begleitete ihre Mutter dabei nicht mehr. Sie zog sich abends zeitig in ihr Zimmer zurück, um zu lesen, oder lange Briefe nach Hause zu schreiben. Ich hatte den Ein-

druck, dass das Mädchen Heimweh nach ihrem Vater und ihren Freunden in Österreich hatte.
So ergab es sich, dass ich die Abende oft mit Christian auf der Terrasse verbrachte. Er hatte mich auch gleich wiedererkannt, machte sich lustig, über meine Unerfahrenheit in punkto Verhandeln, oder meine Empfindlichkeit in Bezug auf das einheimische Essen. Aber seine scheinbare Überheblichkeit war nur Fassade. Um so näher wir uns kennen lernten, desto anregender wurden unsere abendlichen Unterhaltungen.
Beim Schein einer Petroleumlampe erzählte mir Christian von seinen Reisen. Er schwärmte von Indien, von den Strand-Partys in Goa, wo sich Traveller aller Nationen zu Weihnachten trafen.
„Dort trifft man viele Bekannte wieder, die man vorher irgendwo in Asien kennen gelernt hat", erzählte er. „Vielleicht ist Weihnachten auch für Traveller und Aussteiger eine Zeit, in der man nicht allein sein will."
Christian erzählte auch vom Norden Indiens. Von Rajasthan mit seinen prachtvollen Tempeln, von Kamelritten in der Wüste Thar und von Nepals Hauptstadt Katmandu. Doch am meisten schwärmte er von einem kleinen Fischerdorf an der Ostküste Sri Lankas, wo man für wenig Geld in Palmblätterhütten wohnen konnte.
„Ich weiß nicht einmal, was mich immer wieder dort hinzieht. Vielleicht die wunderschöne Bucht, vielleicht das friedliche Leben und die Menschen, die ich dort kennen gelernt habe. Es gibt nicht viel zu tun in Sinna Ullai. Aber ich bin ein Träumer, ich kann die Langeweile unter Palmen gut aushalten."
Christian und ich verstanden uns prächtig. Schon nach kurzer Zeit wurden die Gespräche persönlicher. Ich erzählte ihm von Rainer und war selbst erstaunt darüber, welchen Abstand ich inzwischen zu ihm gewonnen hatte.

Das war alles so weit weg. Es schien mir, als sei die Beziehung schon Jahre her.
„Der Typ war doch viel zu vernünftig, zu leidenschaftslos, zu phantasielos für dich“, schätzte Christian ihn ein, und damit hatte er wohl nicht ganz unrecht. Ich hatte mir oft gewünscht, so mit Rainer sprechen zu können, wie es mit Christian möglich war. Eigentlich hatte er meistens über seinen Beruf geredet. Seine Karriere war sein Lieblingsthema gewesen. Über private Dinge sprach er nicht gern. Ich wusste mehr über seine Arbeit, als darüber, was er dachte oder fühlte.
Auch Christian erzählte mir von einer Freundin. Er hatte sie drei Wochen vor seiner Abreise nach Asien kennen gelernt.
„Wir waren ständig zusammen, konnten nicht voneinander lassen“, schwärmte er. „Mein Flug war schon gebucht. Ich dachte daran, meine Pläne aufzugeben und wegen ihr in Deutschland zu bleiben. Ich hab sie gebeten mit mir zu kommen. Aber Sandra stand kurz vor Beendigung ihrer Ausbildung. Sie wollte die letzten Prüfungen ablegen und dann nachkommen. Seitdem habe ich nichts mehr von ihr gehört, aber bis heute geht diese Frau mir nicht aus dem Kopf. Ich hab ihr geschrieben, aber keine Antwort bekommen. Vielleicht haben mich ihre Briefe auch nicht erreicht, weil ich inzwischen schon wieder weiter gereist war. Von Bombay aus habe ich versucht, sie anzurufen. Aber sie war inzwischen umgezogen.“
Ich hatte den Eindruck, dass mir Christian noch etwas erzählen wollte, aber er wurde unterbrochen, weil in diesem Moment Margot auf den Platz gestolpert kam. Sie war ziemlich betrunken und konnte sich kaum noch auf den Beinen halten. Trotzdem holte sie eine Flasche Arrak aus ihrem Zimmer, die sie dort als eiserne Reserve gebunkert hatte.

„Was ist denn das hier für eine langweilige Gesellschaft", lallte sie und setzte sich zu uns.
Mit schwerer Zunge erzählte sie irgend etwas von einem tollen Typ, den sie in Hikkaduwa kennen gelernt hatte. Leider war er verheiratet und seine Frau wartete im Hotelzimmer auf ihn.
„Die guten Männer sind eben meistens vergeben", murrte Margot.
Dann nahm sie ihr Glas und die Flasche Arrak und verzog sich an den Strand. Wir beendeten den Abend und gingen in unsere Zimmer. Mr. Sirisena, der schon eine Weile gähnend um uns herumgeschlichen war, konnte endlich sein Nachtlager auf dem Terrassentisch einnehmen.
Tagsüber verbrachte ich viel Zeit mit Lesen, und schon bald war die Lektüre, die ich aus Deutschland mitgebracht hatte, ausgelesen. In Hikkaduwa gab es keine Bücher zu kaufen, und so schlug Christian vor: „Wir besuchen Joe, da finden wir bestimmt etwas für dich."
Wir gingen ein Stück in Richtung Hikkaduwa und verließen dann die Hauptstraße. Der Weg führte zu den Hütten, in denen die Einheimischen lebten. Etwas abseits der Behausungen stand eine kleine Villa, die im kolonialen Stil gebaut war. Die Fassade war reich mit Ornamenten verziert und vor dem Haus, auf einer Veranda, standen kunstvoll gearbeitete Säulen. Die bunte Farbe, mit der das Haus angestrichen war, blätterte von den Wänden, und ein großer Teil der Villa war mit Kletterpflanzen überwuchert. Auch der kleine Garten war so dicht bewachsen, dass, abgesehen von dem Weg, der zum Haus führte, kein Durchkommen war. Es schien, als wollte der Dschungel das Haus und den Garten verschlingen.
Auf der Veranda saß ein älterer Mann und kritzelte Schriftzeichen auf ein Blatt Papier.

„Chris, schön dich mal wieder zu sehen, und wie nett, dass du deine Freundin mitbringst. Ich kann ein wenig Abwechslung gebrauchen“, begrüßte er uns.
„Joseph“, stellte er sich vor. „Nenn mich einfach Joe.“
Er reichte mir die Hand und verneigte sich leicht. Joe war ein Mann um die Siebzig. Sein Gesicht war von Falten durchfurcht und von der Sonne gegerbt. Die wenigen grauen Haare, die er noch hatte, klebten in dünnen Strähnen auf seiner Kopfhaut. Aber Joe hatte sehr wache Augen, die mich anstrahlten, wobei er immer noch meine Hand festhielt.
„Sie möchte sich mal in deiner Bibliothek umschauen“, sagte Christian. „Du hast doch bestimmt nichts dagegen.“
„Aber natürlich nicht“, antwortete Joe. „Meine Bibliothek steht jedem offen.“
Er führte mich ins Innere der Villa. Wir betraten einen dunklen Raum, in dem es nach Schimmel roch. An den Wänden standen Regale, die bis unter die Decke mit Büchern gefüllt waren. Sie waren sortiert nach verschiedenen Sprachen. Englisch, Deutsch, Französisch, Italienisch, Spanisch und Japanisch, stand auf Schildern über den Regalen.
„Die Touristen lassen die Bücher in ihren Hotels zurück, wenn sie weiter reisen“, erklärte Joe. „Unnötiger Ballast im Reisegepäck. Und die Einheimischen bringen sie zu mir. Die Leute halten mich für eine Art Gelehrten, dabei bin ich nur ein alter Büchernarr, der außer Lesen nicht viel zu tun hat. Ich versuche die Bücher vor der Feuchtigkeit und den Termiten zu schützen, so gut es geht. Schau dich in Ruhe um, Christians Freunde sind mir immer willkommen.“
Er ließ mich in der Bibliothek allein und ging zurück auf die Veranda, wo Christian inzwischen Platz genommen hatte.

„Ist sie endlich aus Deutschland gekommen?", hörte ich Joe sagen.
„Nein", antwortete Christian. „Das ist nicht Sandra. Sie ist - eine Freundin."
„So, so, nur eine Freundin. Ich merke doch, wie du sie ansiehst. Vielleicht bin ich ein alter Mann, aber ich bin noch nicht blind."
„Ich hab sie zum falschen Zeitpunkt kennen gelernt."
„Ach, und wann ist deiner Meinung nach der richtige Zeitpunkt? Chris, hör endlich auf, immer nur von der Vergangenheit zu träumen. Dazu bist du viel zu jung."
Christian antwortete irgendetwas. Er sprach leise. Ich konnte nicht verstehen, was er sagte und widmete mich den Büchern in der Bibliothek. Schließlich wurde ich fündig und ging zurück zu den beiden auf die Veranda. Christian hielt in seinem Satz inne, als ich mich zu ihnen an den Tisch setzte.
„Wie geht es eigentlich deiner Familie, Joe?", setzte er die Unterhaltung fort. „Wann kommen dich deine Kinder endlich besuchen?"
„Meine Tochter hat gerade ihr zweites Kind bekommen und möchte dem Baby die weite Reise nicht zumuten", antwortete Joe. „Und mein Sohn ist wie immer viel zu beschäftigt, um zu verreisen. Er hat vor kurzem geschrieben, dass ich nach Deutschland zurückkommen soll. Mein vielbeschäftigter, gestresster Sohn sorgt sich um meine Gesundheit. Dabei geht es mir gut. Nur diese verdammte Malaria, die bringt mich noch irgendwann ins Grab."
Eine einheimische Frau um die Vierzig kam aus der Villa und servierte uns Tee.
„Meine Enkel würde ich schon gern mal kennen lernen", fügte Joe hinzu.
„Dann flieg nach Deutschland und besuch sie."

„Nein, nein“, wehrte er ab. „Du weißt doch, dass ich schon seit langem keine Aufenthaltsgenehmigung für Sri Lanka mehr habe. In Hikkaduwa fragt niemand danach. Die Leute kennen mich, und zu den Ortspolizisten hab ich einen guten Draht. Aber wenn ich das Land verlasse, dann wird man es bemerken, und dann lassen sie mich vielleicht nicht wieder einreisen. Das Risiko ist mir zu groß. Ich werde das Land wahrscheinlich irgendwann in einem Sarg verlassen.“
In dem Moment kam die einheimische Frau aus der Villa zurück. Sie trug einen Korb voll Wäsche und richtete einige Worte an Joe. Der antwortete ihr in einheimischer Sprache. Zustimmend wackelte sie mit dem Kopf, lächelte uns zu und ging.
„Mein Singhalesisch macht Fortschritte“, sagte Joe stolz. „Ich hab inzwischen gute Lehrer gefunden. Seit einiger Zeit unterrichte ich ein paar singhalesische Jungs, die Deutsch lernen wollen, um in einem der Hotels einen Job zu bekommen. Die Jungs lehren mich als Gegenleistung Singhalesisch. Es hat seine Vorteile, wenn man versteht, was die Leute sagen. Sie respektieren das.“ Augenzwinkernd fügte er hinzu: „Außerdem ist einer meiner Schüler der Sohn des Polizeichefs, und mit dem muss ich mich gut stellen.“
Es war ungewöhnlich schwül an diesem Tag. Wolken zogen sich am Himmel zusammen. Hier am Rande des Dschungels schien die feuchtheiße Luft zu stehen. Kein Windhauch schaffte Erleichterung. Ich fühlte mich wie benebelt, als wäre mein Kopf in Watte gepackt. Bleierne Schwere lastete auf meinem Körper.
Joe schien das Klima nichts auszumachen. Lebhaft erzählte er, wie es ihn nach Sri Lanka verschlagen hatte.
„Eine Reise nach Asien war schon immer der Traum meiner Frau und mir, doch entweder fehlte uns das Geld, oder die Zeit dafür. Und als ich Rentner wurde, und end-

lich Zeit hatte, da wurde meine Frau krank. Sie wollte so gerne noch mit mir reisen. Aber sie hat es nicht mehr erlebt, und ich war sehr einsam nach ihrem Tod.“
Die einheimische Frau kam zurück. Sie hatte Limonen mitgebracht und begann damit, die Früchte mit der bloßen Hand auszupressen. Ein ziemlich langwieriges Unterfangen, bis sie drei Gläser mit dem Saft gefüllt hatte. Joe beobachtete sie wohlgefällig dabei.
„Ich bin dann mit einer Reisegesellschaft nach Sri Lanka geflogen“, fuhr er fort. „Und nach diesem Urlaub hab ich mich gefragt, was mich in Deutschland eigentlich noch hält. Was soll ich dort allein in meiner kleinen Wohnung, in der ständig die Heizung ausgefallen ist? Hier lebe ich in einer Villa, werde als Gelehrter, als weiser Mann respektiert. Und eine Heizung brauch ich auch nicht.“ Er lächelte verschmitzt und wischte sich die Schweißperlen von der Stirn.
Gegen Abend kamen Joes Schüler zum Unterricht.
„Fährst du dieses Jahr nach Kataragama?“, fragte Joe Christian, als wir aufbrachen.
„Natürlich, das lass ich mir doch nicht entgehen. Übermorgen fahr ich los.“
„Schade, ich wäre gern mitgefahren. Leider ist mir die lange Busfahrt zu anstrengend.“
Und mir legte Joe beim Abschied ans Herz: „Fahr du mit Christian. Das Fest der Büßer in Kataragama musst du dir unbedingt ansehen. Es ist ein Erlebnis, das du nicht so schnell vergisst.“
Am Himmel hatten sich inzwischen dunkle Regenwolken aufgetürmt.
„Am besten, du gehst schon mal zurück zum Hotel, es zieht ein Gewitter auf“, schlug Christian vor. „Ich hab in Hikkaduwa noch was zu erledigen.“
Es dämmerte bereits. Fast hatte ich das Hotel erreicht, als die ersten großen Tropfen auf den Asphalt klatschten.

Sekunden später prasselte der Regen nieder, warm und so heftig, dass ich kaum noch den Eingang zu meinem Hotel finden konnte. Erst als ich direkt vor dem handgemalten Schild stand, konnte ich den Weg erkennen, der zwischen den Hütten hindurch zu meinem Häuschen führte.
Niemand war auf dem Platz zu sehen. Das Palmblätterdach über der Terrasse hielt den Wassermassen nicht stand. Wütend fegte der Sturm Stühle und Blumentöpfe durch den Garten. Meine Kleidung war völlig durchnässt. Ich flüchtete in mein Häuschen, zog mich aus und legte mich aufs Bett. Draußen tobte der sintflutartige Regen und die Brandung des Meeres. Ich dachte an Christian. Manchmal wurde ich nicht so richtig schlau aus ihm. Ich hatte das Gefühl, dass er mehr für mich übrig hatte, als er zugeben wollte. Mal war er mir so nah, dann wieder zog er sich in sein Schneckenhaus, in irgendeine Traumwelt zurück.
Christian kam erst am nächsten Morgen aus Hikkaduwa zurück. Der Sturm hatte sich gelegt, aber das Meer war noch immer wild und aufgewühlt. Ich saß mit Margot auf der Terrasse beim Frühstück und Christian und Mr. Sirisena gesellten sich zu uns. Sie sprachen über das Fest der Büßer in Kataragama.
„Es ist ein Fest der Tamilen", erklärte uns Christian. Die Hindus verehren in Kataragama ihren Kriegsgott Skanda. Sie tun Buße für ihre schlechten Taten, die sie im Laufe des Jahres begangen haben. Die Gläubigen peinigen und kasteien sich. Das ist nichts für schwache Gemüter."
„Schaut euch das ruhig an", mischte sich jetzt Mr. Sirisena ein. „Die Tamilen können sich gar nicht genug quälen, für das, was sie unserem Land antun. Aber die Tempelanlage in Kataragama ist auch ein Heiligtum für Buddhisten und Moslems. Für die Zeit der Perahera werden die Unstimmigkeiten zwischen Singhalesen und Tamilen begraben. Buddhisten und Hindus feiern ein großes Fest."

Margot hörte Christians und Mr. Sirisenas Ausführungen fasziniert zu. Männer die sich Eisenhaken durchs Fleisch bohren, die über glühende Kohlen laufen und in Trance fallen, das weckte ihr Interesse.
„Das ist offenbar mal keine langweilige Touristen-Veranstaltung,“ sagte sie.
Margot und ich beschlossen, Christian nach Kataragama zum Fest der Büßer zu begleiten.

*

Am nächsten Morgen brachen wir kurz nach Sonnenaufgang auf. Christian stoppte den Regionalbus, und wir fanden sogar noch eine freie Sitzbank direkt am Eingang. Die Fahrt ging an der Küste entlang. Das Meer hatte sich inzwischen wieder beruhigt. Auf den sanften Wellen glitzerte die Morgensonne. Fischer zogen mit vereinten Kräften ihre bunt bemalten Auslegerboote an Land.
Wir erreichten die Hafenstadt Galle. Schon von Weitem konnte man den grasüberwucherten Festungswall erkennen, der die Altstadt umgab. Herrenhäuser standen an palmenbewaldeten Hängen. Gelbbraune ziegelgedeckte Häuser duckten sich in der Altstadt zwischen Türmen und weißen Bauwerken aus der holländischen Kolonialzeit. Obwohl es noch früh am Morgen war, herrschte am Busbahnhof schon lebhafter Betrieb. Alle möglichen Waren wurden befördert, auf Ochsenkarren, an Stangen, die Männer über den Schultern trugen, oder in Körben, die Frauen auf dem Kopf balancierten. Fahrräder waren derart mit Gegenständen überladen, dass ich mich wunderte, wie diese klapprigen Gestelle die Lasten aushalten konnten.
Händler boten Getränke und kleine Mahlzeiten an den Busfenstern an. Es waren nur wenige Touristen um diese Zeit unterwegs, und so wurden wir sofort umlagert.

Christians hellblondes Haar und das leuchtende Orange von Margots hennagefärbtem Schopf hoben sich auffällig genug von den schwarzen Haaren der einheimischen Fahrgäste ab.
Christian versorgte uns mit Reiseproviant, gefüllte Teigröllchen und viel Sodawasser. Murrend gab sich der junge Händler mit dem Geldschein zufrieden, den Christian ihm reichte. Zum Handeln blieb keine Zeit, der Bus setzte sich schon nach wenigen Minuten wieder in Bewegung.
Margot plapperte pausenlos. Sie erzählte von ihrer Ehe und davon, wie froh sie sei, aus diesem Gefängnis endlich ausgebrochen zu sein. Christian hörte ihr überhaupt nicht zu. Gedankenverloren sah er aus dem Fenster.
An jeder Haltestelle stiegen weitere Fahrgäste zu. Die Menschen drängten sich immer enger zusammen, und ich hatte das Gefühl, dass sie uns pausenlos anstarrten. Der Fahrer wird bis Hambantota durchfahren, ohne an jeder Haltestelle zu stoppen, dachte ich. Doch da irrte ich mich. Im nächsten Dorf kam der Bus mit quietschenden Reifen so abrupt zum Stehen, dass die Fahrgäste so schnell keinen Halt finden konnten. Ein junger einheimischer Mann landete auf Margots Schoß. Eilig versuchte er wieder aufzustehen, doch sein Sarong verfing sich an Margots Gürtelschnalle. Hektisch zerrte der Einheimische an seinem Kleidungsstück, das dabei immer weiter nach unten rutschte. Schließlich konnte er sich befreien und drängte, den Sarong mit beiden Händen haltend, in die Menschenmenge.
„Ich hatte mir schon gedacht, dass die nichts drunter tragen“, bemerkte Margot grinsend.
An der Haltestelle stieg ein buddhistischer Mönch zu. Bedächtig hob er das orangefarbene Gewand an, in das er gehüllt war und stieg langsam die Stufen hinauf. Die Fahrgäste machten ihm ehrerbietig den Weg frei. Der

Mönch kam direkt auf uns zu und blieb genau vor unserer Sitzbank stehen. Schweigend sah er über unsere Köpfe hinweg aus dem Fenster. Der Fahrer fuhr nicht weiter. Er hatte sich umgedreht und starrte uns vorwurfsvoll an. Sämtliche Fahrgäste beobachteten uns.

In dem Moment stand Christian auf. Er deutete mit einer Kopfbewegung auf ein Schild, das an der Wand über unserer Sitzbank befestigt war. „Für Mönche reserviert" stand da in einheimischer und englischer Schrift. Christians Sitzplatz war nun frei, aber der Mönch stand noch vor uns, ohne eine Miene zu verziehen, und die Augen der einheimischen Fahrgäste waren immer noch auf uns gerichtet.

„Er wird sich nicht neben zwei weiße Frauen setzen", erklärte Christian.

Margot und ich standen auf, die Fahrgäste rückten enger zusammen, und wir versuchten irgendwo Halt zu finden. Jetzt nahm der Mönch auf der Sitzbank Platz und senkte den Blick zu Boden. Der Bus setzte sich in Bewegung. Die Fahrt konnte weiter gehen.

Ich sah aus dem Fenster. Aus dem Meer, in der Nähe des Ufers, ragten riesige Holzpfähle. Sie waren bestimmt fünf oder sechs Meter hoch und hatten in der Mitte eine schmale Querverstrebung. Auf diesen Querbalken saßen Fischer, die ihre Angeln ausgeworfen hatten. Touristen standen am Strand und fotografierten, und ein kleiner einheimischer Junge kassierte für die Fotoerlaubnis ein Honorar.

Es war Mittag, als wir Hambantota erreichten. Hier endete die Fahrt auf der Küstenstraße. Wir mussten umsteigen, der Weg führte von hier aus ins Landesinnere. Je weiter wir uns vom Meer entfernten, desto stärker veränderte sich die Landschaft. Dürre Bäume und Sträucher ragten aus dem ausgetrockneten Boden. Die Sonne brannte erbarmungslos auf das Blechdach. Es war unerträglich heiß in dem überfüllten Bus. Ich konnte mich nicht bewegen, denn ich war eingequetscht zwischen den einheimischen Fahrgästen. Christian stand so nah bei mir, dass seine blonden Haare mein Gesicht berührten. Mit der einen Hand hielt er sich an einer Stange fest, den anderen Arm hatte er um mich gelegt. Jedes Mal, wenn der Bus bremste, oder sich in die Kurven legte, hielt er mich fest, damit ich nicht gegen die anderen Fahrgäste geschleudert wurde.

Schließlich erreichten wir Tissamaharama. Erhitzt und schweißgebadet stiegen wir aus. Die Stadt war bevölkert von Pilgern, die auf dem Weg nach Kataragama zur heiligen Tempelanlage waren. Minibusse, die mit Blumengirlanden und Weidenzweigen geschmückt waren, starteten von hier im fünf Minuten Takt. Wir quetschten uns in einen der Kleinbusse.

Mit Menschen überladene Lastwagen quälten sich die Straße entlang. Bunt bemalte und aufwändig geschmückte hölzerne Gefährte, deren Aussehen an Zirkuswagen erinnerte. Hunderte von Pilgern legten den Weg zu Fuß zurück. Familien mit Kindern in Festtagskleidung. Frauen, die Bastschalen mit Blumen und Früchten auf dem Kopf trugen. Buddhistische Mönche in safranfarbenen Gewändern, die ihre schwarzen Regenschirme aufgespannt hatten, um die kahlgeschorenen Schädel vor der sengenden Sonne zu schützen. Moslems, ganz in weiß gekleidet, mit kleinen Käppchen auf dem Hinterkopf - und dazwischen immer wieder Sadhus, diese seltsamen hinduistischen Asketen. Sie gingen barfuß und waren meist spärlich bekleidet. Einer trug nur eine Kordel um die Hüften, an der ein Stofflappen befestigt war. Der Alte hatte den Baumwollfetzen zwischen den Beinen durchgezogen und vorne und hinten an der Schnur befestigt. Sein magerer Oberkörper war mit Asche bemalt. Die langen verfilzten Haare reichten ihm bis zur Taille.

Ein anderer Sadhu legte die Pilgerstrecke auf seinen Knien rutschend zurück. Er hatte die Beine mit Lumpen umwickelt und bewegte sich langsam Meter für Meter vorwärts. Pilger zeigten ihm ihre Ehrerbietung, indem sie die Handflächen aneinander legten und die Hände zur Stirn führten.
Der Bus bewegte sich im Schritttempo vorwärts. Wir fuhren an einem jungen Mann vorbei, der ein bogenförmiges Gestell aus Holz auf den Schultern trug. Gebeugt von der schweren Last balancierte er das hölzerne Gestell mit beiden Händen aus.
Endlich erreichten wir Kataragama. Auf dem Platz vor dem Tempelbezirk ging es zu wie auf einem Jahrmarkt. An Ständen wurden vorbereitete Bastschalen mit Opfergaben verkauft, bunte Blumengirlanden, Lotusblüten, tropische Früchte und Süßigkeiten. Holzbuden, Palmblätterhütten und Imbiss-Stände reihten sich aneinander. Gaukler führten ihre Kunststücke vor. Handleser boten ihre Dienste an. Gruppen von Trommlern und Flötenspielern zogen über den Platz.
Am Eingang zur Tempelanlage, einem großen Tor, zogen wir die Schuhe aus und betraten barfuß die heilige Stätte. Den Tempelbereich durchzog der säuerliche Geruch von vergorener Kokosmilch. In einer Vertiefung im Boden zerschmetterten Gläubige Kokosnüsse, um die Stücke an den Tempeln zu opfern.
Vor einem der Hindutempel saß ein alter Sadhu auf dem ausgetrockneten Boden, die knochigen Beine zum Lotussitz verschränkt. Die langen schlohweißen Haare hatte er auf dem Kopf zu einem großen, verfilzten Knäuel zusammengebunden.
Als ich sein Gesicht sah, erschrak ich. Der Mund, der von einem ebenso schlohweißen, struppigen Bart umrahmt war, war weit aufgerissen. Die Zunge ragte waagerecht aus der Mundöffnung heraus. Durch beide Wangen und

die Zunge war ein Eisenpfeil getrieben, der die ausgetrocknete Zunge in der herausgestreckten Position festhielt. Die Augen des Alten waren gerötet und weit geöffnet. Sein Blick war leer.

„Der Mann tut Buße für seine Taten“, erklärte Christian. „Viele Hindus lösen hier einmal im Jahr ihre Gelübde ein.“

Margot blieb fasziniert vor dem alten Sadhu stehen, der sie regungslos anblickte, als würde er durch sie hindurchsehen. Doch ihre Aufmerksamkeit wurde schon bald von einem jungen Mann abgelenkt, der langsam, mit bedächtigen Schritten, auf den Tempel zukam. Er murmelte Mandras. Sein Kopf war kahlgeschoren, der Oberkörper nackt. In die Brustmuskulatur waren kleine Eisenhaken getrieben, an denen rote Schnüre befestigt waren. An jeder Schnur baumelte eine Limone, insgesamt mindestens zwanzig Stück.

Wir gingen an den Tempeln vorbei, an denen Gläubige ihre Opfergaben niederlegten. Hindus vor ihren bunten, reichverzierten Tempeln, Buddhisten vor einer kuppelförmigen, schneeweißen Dagoba.

Schließlich erreichten wir einen Platz, auf dem sich Tausende von Pilgern versammelt hatten. Männer warfen sich in Ekstase auf den Boden und wälzten sich im heißen Staub. Andere saßen regungslos im Lotussitz auf der Erde und meditierten.

Auf dem Platz waren mehrere große Holzgerüste aufgebaut, die schon von Weitem zu sehen waren. Wir näherten uns einer dieser Konstruktionen. Ein junger Mann hing mit dem Gesicht nach unten an den Holzstangen. Er war mit einem blutroten Lendentuch bekleidet. Der nackte Oberkörper glänzte schweißnass in der prallen Sonne. An seinen Fußgelenken waren Seile befestigt, die mit grünen Zweigen verziert waren. In Höhe der Schulterblätter durchbohrten Eisenhaken die dunkle Haut. Das ganze Gewicht des Mannes lastete an diesen Haken, so dass die Haut einige Zentimeter vom Körper weggezogen wurde. Kein Blut war zu sehen. Der Mann lächelte. Ein Junge flößte ihm Wasser in den Mund und tupfte den Schweiß von seiner Stirn. In einer langen Reihe zogen Pilger an ihm vorbei, und der Büßer segnete die Gläubigen, indem er ihnen einen Aschepunkt auf die Stirn drückte. Margot konnte sich nicht daran satt sehen, wie die Männer sich peinigten und kasteiten. Ich ging mit Christian zum nahegelegenen Fluss. Margot wollten wir am Abend wiedertreffen.

Am Ufer des Menik Ganga badeten Gläubige. Sie standen bis zu den Hüften in den trüben Fluten und schütteten sich das Wasser über Kopf und Schultern.

Auf einer angrenzenden Wiese lagerten Pilger im ausgetrockneten Gras. Familien mit Kindern ruhten sich im Schatten der Bäume aus. Christian wirkte nachdenklich. Wir sprachen nicht, sondern lauschten den rhythmischen Trommelklängen und nervenaufreibenden Bläsertönen, die vom Ufer des Flusses zu uns herüberklangen. Männer tanzten sich dort in Trance bis es zu dämmern begann. Dann zogen sie, von den Musikgruppen begleitet und extaktisch tanzend, zum Tempelbezirk. Wir folgten ihnen.

Nachdem die Sonne untergegangen war, erstrahlte die Tempelanlage in buntem Licht. Scheinwerfer und Glühlampen waren an den weißen Mauern befestigt. Fackeln erhellten die Holzgestelle, an denen noch immer die Büßer an den Eisenhaken hingen. Öllichter beleuchteten die Wege. Die kahlen Äste eines verdorrten Baumes waren mit kleinen Glühlämpchen geschmückt, und die funkelnden Lichter hoben sich vom Nachthimmel ab, wie ein in der Luft erstarrtes Feuerwerk.

Die Strecke, an der die Prozession stattfinden sollte, war von Menschen gesäumt. Schließlich erschienen die ersten

Fackelträger, gefolgt von jungen grazilen Tänzerinnen in goldverzierten Saris. Männer in prächtigen Kostümen gingen auf langen Stelzen. Trommler schlugen hypnotische Rhythmen. Tänzer mit nackten Oberkörpern wirbelten wild um sie herum.
Christian stand dicht hinter mir. Er hatte die Hände auf meine Schultern gelegt. Ich lehnte den Kopf an seine Brust und genoss das bunte Spektakel.
Und dann kamen die Elefanten. Mächtige Tiere, die mit bunten Brokatdecken geschmückt waren. Die Köpfe waren in Stoffmasken gehüllt, die auch die riesigen Ohren und die Rüssel bedeckten. Nur für die Augen waren kreisrunde Löcher ausgespart worden, was ihrem Aussehen etwas Gespenstisches verlieh. Die Führer liefen neben den Tieren her, einen langen Stock in der Hand.
Ganz zum Schluss kam der größte und prächtigste Elefant durch das Tor. Seine Decke war mit Goldfäden durchwirkt und mit kleinen Glühbirnchen bestückt. Schon von Weitem sah man das mächtige Tier glitzern und funkeln. Eine Autobatterie, die auf dem Rücken des Tieres befestigt war, sorgte für die Beleuchtung.
Der Vollmond stand schon hoch, als wir die Prozession verließen. Immer noch hingen die Büßer an den Holzgestellen. Um sie herum standen Männer, die ihre Haut mit brennenden Fackeln berührten. Sie hielten das Feuer an ihre Arme und die Brust. Die dunklen Augen funkelten im flackernden Licht. Es roch nach verbrannten Haaren, aber bei keinem der Männer waren Hautverbrennungen zu sehen.
Wie betäubt ging ich mit Christian zum Ufer des Flusses. Der Mondschein tauchte die Wiese in ein fahles Licht. Überall lagen Menschen auf dem ausgedorrten Gras und schliefen. Christian breitete eine Decke aus. Wir legten uns unter einen Baum und deckten uns mit einem Tuch zu. Nur einen Moment lang dachte ich daran, ob es hier

wohl giftige Schlangen oder Skorpione geben könnte. Die Srilanker schienen keinen Gedanken an solche Fragen zu verschwenden.
Nicht weit von uns entfernt hatte sich eine Familie niedergelassen. Die Kinder hatten sich an den Sari der Mutter geschmiegt und schliefen. Doch der Vater war noch wach. Er drehte sich zur Seite, als er uns bemerkte. Neugierig beobachtete er uns.
Christian lag auf dem Rücken. Auf die eine Hand hatte er seinen Kopf gebettet, den anderen Arm hatte er um mich gelegt. Er zog mich näher zu sich heran, und ich legte meinen Kopf auf seine Schulter. Ich fühlte mich sicher. Immer noch beobachtete uns der Familienvater gespannt. Christian lag regungslos da und starrte den Vollmond an. Von der Ferne hörte man die Klänge der Trommeln.
„Ich hab dir die Geschichte von Sandra nicht zu Ende erzählt“, begann er. „Über ein Jahr hatte ich nichts von ihr gehört, aber dann hat mich doch ganz unverhofft ein Brief erreicht. Mr. Sirisena hatte ihn wochenlang für mich aufbewahrt. Ich war zu dieser Zeit an der Ostküste. Unser Vermieter wusste, dass ich nach Hikkaduwa zurück kommen würde. Nachdem ich den Brief erhalten hatte, bin ich nach Colombo gefahren. Von dort aus habe ich mit Sandra telefoniert. Sie will mich wiedersehen und kommt nach Sri Lanka. Übermorgen hol ich sie vom Flughafen ab. Ich hab so lange von einem Wiedersehen geträumt, und jetzt bin ich mir nicht mehr sicher, ob es zwischen uns noch einmal so werden kann, wie es vor meiner Abreise aus Deutschland war.“
Er hatte seinen Arm immer noch um mich gelegt und hielt mich fest. Wir konnten lange nicht einschlafen, lagen nebeneinander im Gras, starrten den Vollmond an und schwiegen.
Die ersten Sonnenstrahlen weckten mich aus einem unruhigen Schlaf. Im Fluss badeten bereits die Pilger, und

auch Christian stieg mitsamt seinem Sarong in die Fluten. Er tauchte unter, kippte sich wie die Einheimischen Wasser über Kopf und Schultern, schüttelte sein nasses hellblondes Haar. Am Ufer saß eine Gruppe junger einheimischer Mädchen. Sie beobachteten ihn verschämt und tuschelten kichernd hinter vorgehaltener Hand.

Margot trafen wir am Vormittag wieder. Sie hatte in der Zwischenzeit einen jungen Amerikaner kennen gelernt. Ein sportlicher Typ mit braungebrannter Haut und muskulösem Körper. Margot hatte sich entschlossen noch eine Nacht in Kataragama zu bleiben.

Gegen Mittag traten Christian und ich die Rückfahrt an. Wieder zwängten wir uns in einen der vollbesetzten Busse. Aber dieses Mal musste mich Christian nicht festhalten. Ich fand selbst Halt an der Rückenlehne einer Sitzbank. Christian befand sich ein Stück von mir entfernt. Dicht hinter mir stand ein junger einheimischer Mann. Es war nicht viel Platz in dem vollbesetzten Bus, aber der Srilanker presste sich eindeutig fester an mich, als es unbedingt nötig gewesen wäre. Ich versuchte, etwas weiter weg zu rücken, aber in der nächsten Kurve spürte ich wieder seinen Körper. Mit unschuldiger Miene sah er an mir vorbei aus dem Fenster. Christian bemerkte, dass ich mich unbehaglich fühlte.

„Komm meiner Frau ja nicht zu nahe!“, brüllte er plötzlich mit drohendem Tonfall auf Englisch durch den Bus. Die Fahrgäste starrten Christian erschrocken an. Er war gut einen Kopf größer, als die meisten einheimischen Männer im Bus. Mit finsterer Miene blickte er über die schwarzen Haarschöpfe hinweg zu dem Srilanker, der hinter mir stand. Diejenigen, die Englisch verstanden, warfen nun ihrem Landsmann vorwurfsvolle Blicke zu. Der erschrak sichtlich, fühlte sich ertappt und wich augenblicklich von mir zurück. Verlegen hielt er seine Stofftasche vor seinen Sarong.

„Sorry, Madam", sprach mich ein europäisch gekleideter Srilanker in fast akzentfreiem Englisch an. „Ich schäme mich für den Mann."
Er stand auf und bot mir seinen Sitzplatz an. Der aufdringliche Einheimische wurde mit verächtlichen Blicken gestraft und verließ an der nächsten Haltestelle den Bus.
Es dämmerte bereits, als wir das Meer erreichten. Hier legte der Busfahrer eine Pause ein, bevor er die Fahrt auf der Küstenstraße fortsetzte. Neben der Bushaltestelle befand sich ein Teeshop. Die Fahrgäste stiegen aus und betraten die Bretterbaracke. Christian und ich folgten ihnen. Wir nahmen an einem Tisch Platz, an dem bereits eine Familie mit einer kleinen Tochter saß. Schüchtern rutschte das Mädchen etwas näher zu ihrer Mutter, aber ihre großen dunkelbraunen Augen beobachteten uns neugierig.
Der Wirt und seine Frau waren auf den Zwischenstopp vorbereitet. In Windeseile wurde Reis und Curry aufgetragen, das in verbeulten Blechschüsseln serviert wurde. Die Wirtin sah uns fragend an, und als Christian zustimmend mit dem Kopf wackelte, wurden auch uns Teller hingestellt, Besteck gab es nicht. Die einheimischen Gäste und Christian begannen zu essen, nur ich zögerte einen Moment.
Fragend sah mich das kleine Mädchen an. Sie nahm eine Portion Curry in die Hand, steckte den undefinierbaren Gemüsebrei in den Mund und verdrehte die Augen als Ausdruck des Genusses. Als Kind hatte ich mir immer gewünscht, nach Herzenslust mit den Fingern im Essen matschen zu dürfen, dachte ich. Aber ich musste feststellen, dass auch in Sri Lanka gewisse Tischregeln galten. Als die Kleine einen Moment lang nicht weiter aß, sondern gedankenverloren mit dem Reis spielte, wurde sie sofort mit einem strengen Blick von der Mutter zurechtgewiesen.

Die Wirtin hatte mein Zögern bemerkt und brachte mir nun einen großen Blechlöffel, den sie lächelnd neben meinen Teller legte. Das kleine Mädchen beobachtete meine europäischen Essgewohnheiten verwundert.
Die Mahlzeit war lauwarm, das Gefühl von Hitze entwickelte sich erst im Mund durch die Gewürze. Ich bekam einen Hustenanfall, als ich zuviel von dem scharfen Gemüse erwischte.
Zum Reis und Curry wurden Chapati gereicht, kleine Teigfladen aus Reismehl. Ich nahm einen dieser Fladen in die Hand, und in diesem Moment hörte das Mädchen, das mir gegenüber saß, plötzlich auf zu essen. Der bisher so freundliche Blick verdunkelte sich. Auch die anderen Gäste starrten mich an.
„Hab ich irgend etwas falsch gemacht?“, fragte ich Christian.
„Du hältst die Chapati in der linken Hand“, antwortete er. „Die Einheimischen essen nur mit der rechten. Die linke ist die unreine Hand, sie wird für andere Zwecke benutzt. Hast du denn noch nie bemerkt, dass auf den Toiletten ein Wasserhahn auf der linken Seite ist? Toilettenpapier ist ein Luxus nur für Touristen“, erklärte Christian grinsend.
Schnell legte ich den Löffel weg und nahm den Teigfladen in die rechte Hand. Jetzt war das Mädchen zufrieden und fuhr fort zu essen.
Die Einheimischen aßen schnell. Mein Teller war noch halb voll, als der Busfahrer aufstand. Sofort folgten ihm die Fahrgäste, und auch wir beeilten uns, in den Bus einzusteigen.
Draußen war es inzwischen dunkel geworden. Es gab nichts mehr zu sehen, als das eigene Bild, das sich in den schmutzverschmierten Fenstern spiegelte. Christian hatte den Arm um mich gelegt. Ich lehnte meinen Kopf an

seine Schulter und schloss die Augen. Er hielt mich fest, aber die Umarmung fühlte sich nach Abschied an.
Erst spät in der Nacht erreichten wir unser Hotel. Ich fühlte mich wie erschlagen von der Reise und den Erlebnissen der letzten Tage. Am nächsten Morgen schlief ich lange, und als ich erwachte, war Christian schon unterwegs nach Colombo, um Sandra vom Flughafen abzuholen.

*

Sandra war hübsch. Groß und schlank. Ausgesprochen gutaussehend. Sie trug einen kurzen Jeansrock und ein weißes, modisches Top. Ihre Füße steckten in zierlichen, hochhackigen Riemchen-Sandalen, die vielleicht etwas unbequem für diese Reise waren. Die langen blonden Haare reichten ihr bis über die Schultern.
Zu ihrer Begrüßung hatte Christian bei Mr. Sirisena ein besonderes Essen bestellt. Es gab Hummer und Garnelen, und dieses Mal orderte er das Essen bei Upali „nicht zu heiß." Christian hatte nicht, wie gewöhnlich, seinen Sarong an, sondern eine Baumwollhose und ein helles Hemd, das er offen darüber trug.
Upali deckte den Tisch, und da sich die Familie wohl der Besonderheit des Anlasses bewusst war, wurde sogar eine Tischdecke aufgelegt und ein Strauss frischer Blumen darauf gestellt. Unschlüssig stand Upali vor der Tafel. Sollte er nun für Christian Besteck auflegen, oder nicht? Er entschied sich, vorsichtshalber Messer und Gabel und das gewohnte Schälchen mit Wasser aufzutischen.
Theresa und ich hatten beschlossen in Hikkaduwa Essen zu gehen. Wir wollten das Paar nicht stören. Aber an diesem Abend kam einfach keine gute Stimmung auf. Ich konnte mich nicht so richtig amüsieren, und Theresa war

in Sorge um ihre Mutter, die noch immer nicht aus Kataragama zurückgekommen war.
Auch am nächsten Tag bekamen wir Sandra und Christian nicht viel zu Gesicht. Sie verbrachten den Tag in Christians Häuschen und ließen sich das Essen aufs Zimmer servieren. Schließlich hatten sich die beiden ein Jahr lang nicht gesehen. Erst am Nachmittag kamen sie aus dem Haus heraus. Hand in Hand liefen sie zum Strand. Christian stürzte sich übermütig in die Fluten, aber Sandra blieb am Strand stehen.
„Komm ins Wasser", rief Christian ihr zu. „Es ist herrlich!"
„Ich schau dir lieber von hier aus zu", antwortete Sandra. „Die Wellen sind so hoch."
Das Meer umspülte ihre Knöchel, und sie ließ sich nicht dazu bewegen, auch nur einen Schritt weiter ins Wasser zu gehen.
Nach einem Sonnenbad machte sich Sandra zum Ausgehen zurecht. Christian brannte darauf, ihr Hikkaduwa zu zeigen. Er wollte sie seinen Freunden vorstellen. Lange genug hatte er ihnen von ihr vorgeschwärmt.
Bald stellte sich jedoch heraus, dass Sandra keinen Wert darauf legte, die „langhaarigen Hippies und Aussteiger" kennen zu lernen. Sie interessierte sich mehr für die Boutiquen und Souvenir-Shops des Ortes. Auch bei der Wahl der Restaurants waren die beiden nicht unbedingt einer Meinung. Christian bevorzugte die kleinen Teeshops und Stammrestaurants, in denen sich Traveller aller Nationalitäten trafen. Hier wurde einheimisch Kost serviert. Das Essen war einfach, scharf und billig. Man erfuhr Neuigkeiten und bekam Tipps für die weitere Reise.
Sandra gefiel es besser in den größeren Hotels, in denen europäische Gerichte serviert wurden. Hauptsächlich Pauschaltouristen amüsierten sich hier an den Bars bei Bier, Longdrinks und Cocktails. In diesen Hotels hatte

man barfuß und mit einheimischer Kleidung keinen Zutritt, und Sandra war gar nicht begeistert, als Christian schon nach kurzer Zeit seine europäische Kleidung wieder gegen den Sarong eintauschte.
Margot war inzwischen aus Kataragama zurückgekommen. Sie hatte ihren amerikanischen Freund mitgebracht, und er hatte ein Zimmer in Hikkaduwa gemietet. Von da an war Margot nicht mehr oft in unserem Hotel zu sehen. Ab und zu kam sie vorbei, um Wäsche zu bringen, die sie für ein paar Rupien von Mrs. Sirisena waschen ließ.
Für mich wurde es Zeit, weiter zu reisen. Ich wollte an die Ostküste, an die wunderschöne Bucht, von der mir Christian vorgeschwärmt hatte. Doch Mr. Sirisena reagierte entsetzt, als er von meinem Vorhaben erfuhr.
„Die Ostküste ist Tamilengebiet", warnte er. „Es herrscht Bürgerkrieg. Die Gebiete im Osten sind kein Ort mehr für Touristen."
In der Tat hatte ich in den letzten Tagen von Bombenanschlägen in der Hauptstadt Colombo erfahren. Neu angekommene Touristen hatten mir davon berichtet. Sie waren durch die europäischen Medien besser über die politische Lage in Sri Lanka informiert, als die Traveller, die sich schon länger auf der Insel aufhielten. Es gab keinen Fernseher, die Nachrichten in Mr. Sirisenas Radio wurden auf Singhalesisch übertragen, und die Einheimischen vermieden es, sich mit Touristen über Politik zu unterhalten. Sie wollten keine Schwierigkeiten bekommen und ihre Gäste nicht beunruhigen. Aber in diesem Fall hielt es Mr. Sirisena doch für besser, mich über die politische Situation aufzuklären.
„Die Tamilengebiete im Norden sind inzwischen für Touristen gesperrt", berichtete er. „Auch die Ostküste ist Krisengebiet. Dort leben Tamilen, Singhalesen und Moslems. Niemand weiß, wann sich die Auseinandersetzun-

gen bis in den Osten ausweiten. Es ist viel zu gefährlich, dorthin zu reisen."

Ich erzählte Christian von Mr. Sirisenas Warnung. Doch er lachte und zeigte sich davon nicht im Geringsten beeindruckt.

„Ich kenne den alten Singhalesen jetzt schon lange", schmunzelte er. „Jedes Mal, wenn ich ihm erzählt habe, dass ich an die Ostküste fahren will, hat er mir davon abgeraten. Er lässt seine Dauergäste eben nicht gerne gehen. Einmal behauptete er, an der Ostküste würde ein Zyklon erwartet, der alles vernichten könnte. Er sagte, der Wirbelsturm wäre noch über dem Meer, aber es könnte jederzeit passieren, dass er seine Richtung ändert, auf die Ostküste Sri Lankas zu. Ein anderes Mal behauptete er, im Osten sei die Cholera ausgebrochen. Jedes Mal, wenn ich in dem kleinen Fischerdorf Sinna Ullai ankam, war alles ruhig. Nie ist irgendetwas passiert. Es stimmt schon, dass in dem Gebiet verschiedene Bevölkerungsgruppen wohnen, aber alle leben friedlich miteinander. Erst gestern habe ich einen Bekannten getroffen, der gerade von dort zurückgekommen ist. Mach dir keine Sorgen. Es ist alles friedlich wie immer."

Auf der Terrasse saßen Sandra und Theresa und tranken Tee. Seit Margot ausgezogen war, verbrachte Theresa viel Zeit mit Christians Freundin. Die beiden verstanden sich gut. Sie hatten die gleichen Interessen. Theresa dachte daran, in naher Zukunft eine ähnliche Ausbildung zu beginnen, wie Sandra sie absolviert hatte. Die junge Österreicherin sprach in letzter Zeit viel von zu Hause.

Auch Sandra erzählte Theresa von ihrem Leben in Deutschland. Sie vermisste ihren Freundeskreis, die Bars und Cafés, den Komfort ihrer Wohnung, die sie sich mit einer Freundin teilte.

„Was will Christian eigentlich tun, wenn er wieder nach Deutschland kommt?", hörte ich Sandra zu Theresa sagen. „Er kann doch nicht ewig hier herumhängen und sich aufführen, als wäre er ein Einheimischer. Manchmal ist er nicht wiederzuerkennen. Christian hat sich in dem Jahr sehr verändert.“

Ich hatte mich entschlossen am nächsten Tag zur Ostküste aufzubrechen. Christians Rat konnte ich vertrauen. Ich war mir sicher, dass er mir kein Reiseziel empfehlen würde, an dem ich in Gefahr war. So bezahlte ich bei Mr. Sirisena meine Rechnung und ging in mein Zimmer, um zu packen.

# III

Am nächsten Morgen brach ich früh auf. Theresa und Sandra schliefen noch, aber Christian war schon wach. Mrs. Sirisena hatte ein Frühstück für mich bereitet. Ich verabschiedete mich von meinen Vermietern und deponierte einige warme Kleidungsstücke bei ihnen, die ich auf meiner weiteren Reise nicht benötigte. Christian begleitete mich zur Straße.
„Pass auf dich auf", sagte er und küsste mich zum Abschied. In diesem Moment kam der Bus um die Kurve geprescht. Ich deutete dem Fahrer mit einer Handbewegung an, dass ich mitfahren wollte. Er brachte das Fahrzeug zum Stehen. Neugierig beobachteten die Insassen unsere Abschiedsszene. Von Mr. Sirisena wusste ich, dass Küssen in der Öffentlichkeit in Sri Lanka ein Tabu war. Es kümmerte mich nicht. In diesem Moment hatte ich das Gefühl, dass Christian am liebsten mit mir ihn den Bus gestiegen wäre.
„Schau in deinen Rucksack", rief er mir noch zu, als ich einstieg..
Neugierig starrten mich die einheimischen Fahrgäste an. Außer mir waren keine Touristen im Bus. Ich versuchte, die Blicke zu ignorieren und durchsuchte mein Gepäck. In der vorderen Tasche meines Rucksacks entdeckte ich ein kleines Päckchen. Es enthielt den Ring mit dem Saphir, den ich bei meiner ersten Begegnung mit Christian begutachtet hatte. Oft genug hatte er mich wegen meiner Unbeholfenheit in Sachen Handeln aufgezogen. Nur ein Zettel mit einer kurzen Notiz lag dabei: „Bis bald. Wir sehen uns. Spätestens Weihnachten in Goa."
Weihnachten. Wie lange war das eigentlich noch? Welchen Monat hatten wir überhaupt? Die tropischen Temperaturen hatten mich jegliches Zeitgefühl vergessen

lassen. Ich rechnete nach. Jetzt war es Ende September. In Deutschland würde bald der Herbst einziehen. Ich sehnte mich nicht nach Deutschland. Nicht nach fallenden Blättern, nicht nach Wind und Regen, nicht nach Kälte und Schnee. Und nicht einmal nach einem trauten Weihnachtsfest zu Hause unter dem Tannenbaum. Rainer kam mir in den Sinn. Meine Mutter hatte ihn immer gut leiden können. Er war ein Vorzeigemann, erfolgreich und immer höflich. Der Traum aller Schwiegermütter. Ich forschte in meinem Herzen und fand keine Sehnsucht nach ihm.

Die Einheimischen hatten inzwischen mit ihren Blicken von mir abgelassen. Ich sah aus dem Fenster. Ein Elefant schleppte einen Baumstamm über die Straße. Helle, rosafarbene Stellen glänzten auf seinem Rüssel. Die Haut war von der schweren Arbeit abgeschabt. Ungeduldig trieb ihn sein Führer an, indem er mit einem Stock gegen die Beine des Dickhäuters schlug. Die Prozessionen in Kataragama waren vorbei. Das war der Alltag der majestätischen Tiere.

Als wir Galle erreichten, wollte ich mich, wie bei der letzten Fahrt, mit Reiseproviant versorgen. Aber die Straßenhändler waren mit einem anderen Bus beschäftigt, in dem eine Gruppe Touristen saß. Nur ein kleiner Junge hatte mich entdeckt und bot mir Erdnüsse an, die er in Tüten aus Zeitungspapier verpackt hatte. Ich kaufte eines der Päckchen und reichte ihm einen Geldschein zu. Umständlich kramte der Kleine solange in seiner Tasche, bis der Fahrer den Motor wieder startete. Blitzschnell verschwand das Kind plötzlich mit dem Wechselgeld in der Menschenmenge. Christian hatte Recht gehabt. Ich musste noch eine Menge lernen. Lustlos knabberte ich die salzigen Erdnüsse, während der Bus die Küstenstraße entlang fuhr. Immerhin, besser als gar nichts zu essen.

Wir passierten die Stelle, an der die Holzpfähle aus dem Meer ragten. Die Fischer hatten ihre Angeln nicht ausgeworfen. Sie saßen am Strand im Schatten einer Palme und warteten auf Touristen. Das Honorar für die Fotoerlaubnis war wohl doch lukrativer, als der spärliche Fang, den das Stelzenfischen einbrachte.
Es war Mittag, als wir Hambantota erreichten. Hier musste ich wieder umsteigen. Menschen drängten sich auf der Straße an Bussen und Ochsenkarren vorbei. Kaum hatte ich den Bus verlassen, wurde ich auch schon von einem Jungen angesprochen.
„Hotel, Madam?"
Ich winkte ab und fragte nach dem Anschlussbus zur Ostküste.
„Morgen früh", entgegnete der Junge und wiederholte unbeirrt: „Hotel, Madam?"
Es war heiß. Ich hatte weder Lust, mich mit dem Jungen auf eine Diskussion einzulassen, noch hatte ich vor, den Rest des Tages und die Nacht in Hambantota zu verbringen. Die Aufschrift an den Bussen konnte ich nicht lesen, und niemand wollte mir Auskunft geben. Eine Frau, die ich ansprach, zog die Schärpe ihres Saris über den Kopf und ging wortlos weiter. Ein alter Mann deutete auf ein Gebäude auf der anderen Straßenseite. HOTEL stand in großen Lettern an der Fassade. Schließlich ging ich von einem Bus zum anderen und fragte die Fahrer, bis endlich einer der Männer zustimmend mit dem Kopf wackelte.
„Wellawaya, Wellawaya", sagte er und wackelte immer heftiger mit dem Kopf.
Ich stieg ein, und der kleine Junge, der gehofft hatte, mich in ein Hotel führen zu können, zog enttäuscht von dannen.
Ich kannte die Strecke schon, die von hier aus von der Küste ins Landesinnere führte. Die Sonne brannte vom

wolkenlosen Himmel. Selbst der Fahrtwind brachte keine Abkühlung. Der Staub, der auf der Straße aufgewirbelt wurde, drang durch die geöffneten Fenster des Busses, und legte sich wie ein braungelber Film auf meine Haut und die Lippen. Ich war durstig. Alles was ich an Proviant bei mir hatte, waren diese salzigen Erdnüsse.
Dabei sah es im Innern des Busses aus, wie auf einem Jahrmarkt. Es gab alle erdenklichen Lebensmittel. Waren und Kleintiere wurden von den Fahrgästen transportiert. Im vorderen Bereich des Busses lagen Bananenstauden und ein riesiger Sack mit Kokosnüssen. Neben mir saß eine Frau, die ein Huhn auf dem Schoß hielt. Unermüdlich strich sie dem Tier beruhigend über die Federn. Ich fühlte mich nicht wohl, mein Mund war staubtrocken. Die Luft im Bus war angefüllt mit dem Geruch von Schweiß und überreifen Bananen.
Mein Blick fiel auf einen Einheimischen, der im vorderen Bereich des Busses saß. Unablässig starrte er mich mit finsterer Miene an. Plötzlich stand der Mann auf und kam zielstrebig auf mich zu. Er hielt ein Messer in der Hand, eine Art Machete. Was hatte der Srilanker vor? Hilfesuchend sah ich mich um, aber die anderen Fahrgäste warteten tatenlos darauf, was nun geschehen würde. Vielleicht ist der Mann Tamile, schoss es mir durch den Kopf. Wir befanden uns bereits im östlichen Teil der Insel. Tamilengebiet! Mr. Sirisena hatte mich gewarnt.
Wortlos blieb der Mann neben meinem Sitzplatz stehen. Ich sah nicht zu ihm auf, sondern starrte, vor Schreck wie gelähmt, auf das riesige Messer in seiner Hand. Langsam hob er den Arm und holte aus. Ich schloss die Augen, und dann hörte ich einen dumpfen Schlag. Als ich die Augen wieder aufschlug bemerkte ich, dass der Srilanker eine Kokosnuss in seiner Hand hielt. Mit einem gekonnten Hieb hatte er die Nuss geöffnet und reichte sie mir grinsend zu. Erleichtert nahm ich an und trank den lau-

warmen Saft. Noch nie hatte ein Getränk mich so erfrischt, wie diese merkwürdig schmeckende, ölige Flüssigkeit.
Immer noch stand der Srilanker mit der Machete in der Hand neben mir. Ich kramte ein paar Rupien aus der Tasche, aber zu meinem Erstaunen lehnte er eine Bezahlung ab. Stattdessen deutete er auf mein Gepäck, führte zwei Finger an seinen Mund, und sog tief die Luft dazwischen ein. Jetzt begriff ich. Er hatte eine Schachtel Zigaretten bemerkt, die aus meiner Tasche ragte. Ich reichte sie ihm zu.
Höflich bedankte er sich, nahm gleich die ganze Schachtel und verteilte die Zigaretten großzügig an die anderen Fahrgäste. Kurz darauf rauchten die Männer genüsslich und lächelten mir dabei freundlich zu. Und die Luft im Bus wurde noch stickiger, als sie ohnehin schon war.
Jetzt getraute sich auch eine alte Frau, mir ihre Ware anzubieten. Vor ihr auf dem Boden stand ein Stapel mit Tonschalen, die jeweils mit einem Stück Zeitungspapier abgedeckt waren. Die Alte reichte mir eines dieser Gefäße. Dann hielt sie beide Zeigefinger an ihren Kopf, so dass sie wie Hörner aussahen.
„Curd, Curd", sagte sie.
„Joghurt vom Wasserbüffel. Mit Honig. Sehr, sehr gut", erklärte der Mann, der neben ihr saß.
Mein Reiseproviant war gesichert. Der Büffeljoghurt schmeckte hervorragend, und zum Nachtisch wurden mir Bananen gereicht.
Der Bus quälte sich unterdessen über die holprige Straße. Wir passierten einen Stausee, an dessen Ufer sich ein Schwarm weißer Flamingos niedergelassen hatte. Reiher stiegen auf. Die Luft flimmerte in der Mittagshitze. Manchmal stoppte der Fahrer an einer Straßenkreuzung. Dörfer gab es hier nur wenige.

Es war schon spät am Nachmittag, als wir Wellawaya erreichten. Hier musste ich wieder umsteigen, aber ein Anschlussbus zur Ostküste war nicht zu sehen. Also betrat ich einen Teeshop, der sich neben der Bushaltestelle befand. An dem einzigen Tisch saß gelangweilt der Wirt, der über Kundschaft sichtlich erstaunt war. Sofort wischte er mit einem Tuch über den verstaubten Tisch und bot mir an, Platz zu nehmen. Kalte Getränke gab es hier nicht, aber der Mann präsentierte mir stolz eine giftgrüne, lauwarme Limonade. Der letzte Bus zur Ostküste war bereits abgefahren, und so blieb mir nichts anderes übrig, als die Nacht im einzigen Hotel des Ortes zu verbringen.
Eigentlich war die Bezeichnung „Hotel" etwas übertrieben für die einfache Absteige, aber da die Sonne bereits unterging, war ich froh, eine Unterkunft für die Nacht zu haben. Natürlich war dem Vermieter meine Lage bewusst, und dementsprechend hoch war der Preis für das schäbige Zimmer.
Todmüde ließ ich mich auf das Bett fallen. Ich wollte früh schlafen, um am nächsten Tag auf keinen Fall den Morgenbus zur Ostküste zu verpassen. Als ich die dünne Bettdecke über mich ziehen wollte, bemerkte ich eine Erhebung unter dem Stoff. Ein dunkler Schatten war erkennbar, der langsam anfing, sich zu bewegen. Erschrocken schlug ich die Decke zurück, und vor mir saß eine riesige Spinne mit dickem Körper und langen, haarigen Beinen.
Mit einem Satz hüpfte ich aus dem Bett. Panik ergriff mich. Ich versuchte einen klaren Gedanken zu fassen, aber stattdessen schossen mir Brigittes Horrorgeschichten über Giftspinnen durch den Kopf. Ich konnte diese Riesenspinne unmöglich töten! Konnte sie mich töten? Vielleicht war sie ja völlig harmlos und hatte genauso große Angst vor mir, wie ich vor ihr? Nein, das bezweifelte ich.

Langsam ging ich rückwärts zur Tür und öffnete sie. Draußen war niemand zu sehen. In dem Moment setzte sich die haarige Kreatur in Bewegung. Sie krabbelte am Bettpfosten herunter und verschwand im Dunkeln unter dem Bett. Im Zimmer war kein Stock oder Besen zu sehen, mit dem ich sie hervorjagen konnte. Also rückte ich das schwere Bettgestell zur Seite, das dabei einen Höllenlärm verursachte.

Jetzt konnte ich die Spinne wieder sehen und es schien, als würde sie mich ebenfalls beobachten. Ich nahm all meinen Mut zusammen, griff nach einem Handtuch, und versuchte sie mit einem Schwung aus dem Zimmer zu fegen. Aber das Biest hielt sich an dem Tuch fest, flog in hohem Bogen über meinen Kopf, und landete wieder wohlbehalten auf der weichen Matratze. Blitzschnell verschwand das Tier im Schutz der Bettdecke. Ich konnte den Schatten deutlich erkennen. Sie bewegte sich nicht. Schließlich griff ich nach der Decke und schleuderte sie mitsamt der Spinne zur Tür hinaus. Mit einem Fußtritt stieß ich die Tür zu und verriegelte sie, als ob die haarige Kreatur nur darauf lauern würde, sie wieder zu öffnen.

Schweißgebadet durchsuchte ich jeden Zentimeter des Zimmers, und trotzdem ich keine weiteren ungebetenen Gäste fand, konnte ich kein Auge zutun. In dieser Nacht wusste ich, dass mich zu Hause in Deutschland nie wieder eine lächerliche, kleine, schwarze Hausspinne erschrecken würde. Nie wieder!

Als die Sonne aufging verließ ich sofort das Hotel, obwohl mein Vermieter mir versicherte, dass bis zur Abfahrt des Busses noch genügend Zeit für ein Frühstück sei. Kopfschüttelnd sah er mir nach, die Bettdecke, die er vor meiner Zimmertür gefunden hatte, in der Hand.

Ich ging zu dem kleinen Teeshop und ließ die Bushaltestelle nicht aus den Augen. Mein Vermieter hatte Recht gehabt. Es dauerte noch zwei Stunden, bis der Bus kam.

Endlich konnte die Fahrt weitergehen. Sie führte durch eine ausgetrocknete Landschaft. Dorniges Gestrüpp säumte die Straße. An vereinzelt stehenden knorrigen Bäumen hingen, mit dem Kopf nach unten, Scharen von fliegenden Hunden - große, fledermausähnliche Tiere. Dörfer gab es hier nicht. Die Straße war in derart schlechtem Zustand, dass wir nur im Schritttempo vorwärts kamen. Hier schien selbst der Fahrer sich nicht mehr auf den Schutz Buddhas zu verlassen, sondern auf eine äußerst vorsichtige Fahrweise, um einen Achsenbruch zu vermeiden. Es konnte nicht mehr weit bis zur Küste sein, aber die Fahrt zog sich endlos lange hin. Nur noch wenige Fahrgäste befanden sich im Bus. Geduldig klammerten sie sich an den Vordersitzen fest, während der Bus über Schlaglöcher und tiefe Furchen kroch und sich gefährlich zur Seite neigte.
Schließlich erreichten wir eine Ortschaft. Der Bus rollte über die staubige Straße. Fußgänger machten den Weg frei. Kinder liefen uns winkend entgegen. Nur eine ausgemergelte Kuh, die mitten auf der Straße lag, ließ sich von dem herannahenden Bus nicht beeindrucken. Sie hob nicht einmal den Kopf, als das Fahrzeug direkt vor ihr zum Stehen kam.
„Hier ist die Fahrt zu Ende“, sprach mich der Busfahrer an, als ich zögernd auf meinem Platz sitzen blieb.
Der Ort bestand aus ein paar Häusern und Bretterbaracken. Nirgends war ein Hotel zu sehen. Nur das Schild mit der Aufschrift „Cool Drinks“ an einem Teeshop, deutete darauf hin, dass hier ab und zu Touristen einkehrten. Das Meer konnte ich nicht sehen. Hatten wir die Ostküste erreicht?
Unschlüssig stand ich mit meinem Gepäck auf der Straße, als ein Motorrad Fahrer auf mich zu steuerte. Der Mann rief mir etwas zu, doch das Fahrzeug machte einen solchen Lärm, dass ich ihn kaum verstehen konnte.

„Zum Strand?“, brüllte der Fahrer. Ich nickte und stieg auf das Motorrad, das nicht gerade besonders verkehrssicher aussah. Während ich versuchte, irgendwie mein Gepäck und mich selbst festzuhalten, lenkte mein Chauffeur das qualmende Fahrzeug aus der Ortschaft heraus.
Wir fuhren über eine Brücke. Im seichten Wasser dösten Wasserbüffel, die träge den Kopf hoben, als das Motorrad vorbeiknatterte. Dann erreichten wir ein Dorf. Hütten aus geflochtenen Palmblättern säumten die Straße. Manche standen in Gruppen zusammen, und an den handgemalten Schildern am Eingang war zu erkennen, dass diese Hütten zu vermieten waren. „Beach Cabanas“, stand auf einem der Schilder und „Little Hilton“ auf einem anderen. Und dann konnte ich das Meer sehen, eine traumhafte Bucht - ganz so, wie Christian sie beschrieben hatte.

*

Das Motorrad stoppte vor einem der wenigen aus Stein gebauten Häuser im Dorf. „Surfer´s Lodge“ stand auf einem Schild über dem Eingang. Mit einem lauten Hupen kündigte der Chauffeur meine Ankunft an, und ein Mann, der ganz in weiß gekleidet war und ein kleines weißes Käppchen auf dem Kopf trug, kam mir entgegen. Er drückte dem Fahrer ein paar Rupien in die Hand und nahm mir mein Gepäck ab.
Mustafa, so hatte sich der Mann vorgestellt, führte mich in ein Zimmer im hinteren Teil des Hotels. Der Raum sah nicht gerade besonders einladend aus. Schimmel überzog die Wände, und aus der Stehtoilette roch es erbärmlich. Als ich das Fenster öffnete, kam mir ein Schwarm Fliegen entgegen. Draußen stank es noch ekelhafter, als in meinem Zimmer. Mein Blick fiel auf einen Hinterhof, der offenbar als Mülldeponie genutzt wurde. Zwischen leeren

Flaschen, Kartons und Essensresten tummelten sich fette Ratten. Lange würde ich mich in diesem Hotel nicht aufhalten, nahm ich mir vor, und ging erst einmal auf die Terrasse, wo sich das Restaurant befand. Hier war wenigstens die Luft angenehmer.
Um einen großen Tisch herum saß eine Gruppe Touristen. Irgendwie sahen die braungebrannten, durchtrainierten Männer wie Models aus einem Sportmagazin aus. Kaum hatte ich mich an einen freien Tisch gesetzt, kam auch schon einer der Muskelmänner auf mich zu und nuschelte mit australischem Akzent etwas wie:
„Gute Wellen heute.“
Ich nickte.
„Brauchst du ein Board?“
„Nein“, antwortete ich. „Ich surfe nicht.“
Er warf mir einen verständnislosen Blick zu und ging wieder zurück zu den anderen.
Als am Tisch der Australier das Abendessen serviert wurde, durchzog ein ungewohnter Geruch das Restaurant. Mir war kaum aufgefallen, dass ich seit meiner Ankunft in Sri Lanka kein Fleisch mehr gegessen hatte. Meine vorherigen Vermieter, Anura und Mr. Sirisena, waren Singhalesen. Bei ihnen stand zwar Fisch, aber kein Fleisch auf dem Speiseplan. Mustafa war Moslem. Hier wurde Rindfleischcurry serviert. Aber was die Surfer mit Genuss verspeisten, sah für meine Begriffe nicht besonders appetitlich aus. Ich verzichtete auf das streng riechende Gericht und zog mich in mein Zimmer zurück. Nach den Erlebnissen der letzten Nacht hatte ich Schlaf dringend nötig. Doch in meinem Zimmer war es so schwül, dass ich kein Auge zutun konnte. Musik dröhnte aus dem Restaurant, und der hämmernde Rhythmus wurde von einem noch lauteren Brummen übertönt. Der Stromgenerator des Hotels befand sich im Hinterhof, direkt neben meinem Fenster.

Ich war froh, als der Tag anbrach und ich mein stickiges Zimmer verlassen konnte. Der Anblick der idyllischen, palmengesäumten Bucht ließ mich die Unannehmlichkeiten der Nacht schnell vergessen. Das Meer glitzerte in der Morgensonne. Weit draußen, wo sich die Wellen brachen, konnte ich die australischen Surfer sehen. Am Strand zogen Fischer mit rhythmischen Sprechgesängen ihre Netze an Land. Der Fang wurde sortiert und gleich am Strand zerlegt, und die streunenden Hunde machten sich gierig über die Abfälle her. Die Einheimischen kümmerte sich nicht um die wenigen Touristen, die etwas abseits dieser Szenerie am Strand lagen.
Ich schlenderte am Meer entlang. Kein Beachboy, der mich verfolgte, kein Händler, der mir irgendetwas andrehen wollte. Nur das Rauschen der Wellen, und immer weiter entfernt der monotone Gesang der Fischer.
Doch plötzlich hörte ich, wie jemand meinen Namen rief. Erstaunt drehte ich mich um und sah eine Frau, die mir heftig winkend entgegenlief. Sie trug ein buntes Tuch um die Hüften. Um ihren Hals hingen Ketten aus Muscheln. Die Haare waren zu kleinen Zöpfchen geflochten, die ebenfalls mit Muscheln verziert waren. Erst als sie näher kam, erkannte ich Kerstin. Sie sah wirklich sehr verändert aus.
Jetzt stand auch der Mann auf, der mit ihr am Strand gelegen hatte. Er war eine merkwürdige Erscheinung, fast zwei Meter groß und so dünn, dass man die Rippen zählen konnte. Mit federndem Gang und leichtem Hüftschwung, der irgendwie überhaupt nicht zu seiner schlaksigen Statur passte, kam er uns entgegen. Er war ebenfalls mit einem Hüfttuch bekleidet, das mit großen Blumen bedruckt war. Die Handgelenke waren mit silbernen Armreifen geschmückt, und an jedem Finger glitzerte ein Ring mit einem großen Halbedelstein. Seine Haare waren blond und lockig, aber etwas dünn und im Stirnbereich

schon ziemlich schütter. Dafür fielen sie hinten lockig wie Engelshaar bis auf den Rücken. Am Kinn trug er einen kümmerlichen Ziegenbart. Aber das Auffälligste waren wohl seine strahlenden blauen Augen und sein einnehmendes Lächeln, das nicht nur die Zähne, sondern auch das Zahnfleisch sichtbar werden ließ.
Kerstin freute sich sehr, mich wiederzutreffen.
„Das ist Adrian", stellte sie den Paradiesvogel vor. „Wir haben uns in Hikkaduwa kennen gelernt." Und ihr Strahlen war fast genauso breit, wie das ihres neuen Freundes.
Wir schlenderten ein Stück am Strand entlang, und Kerstin erzählte mir, was sich nach meiner Abreise in Akuralla zugetragen hatte.
„Brigitte ist ganz in ihrem Element und betätigt sich inzwischen im Dorf als Krankenschwester", erzählte sie. „Erst hat sie die Wunde eines kleinen Mädchens behandelt, und dann hat sich die Nachricht von der weißen Krankenschwester mit dem großen Medikamentenkoffer schnell herumgesprochen. Seitdem ist Brigitte damit beschäftigt, sich um die kleinen und großen Leiden der Dorfbewohner zu kümmern. Die Leute revanchieren sich für jede Pille oder Salbe mit kleinen Geschenken, frischen Früchten oder getrockneten Fischen. Und manchmal wird Brigitte bei den Familien zum Essen eingeladen, was sie unmöglich ablehnen kann. Ihr Speiseplan hat sich seitdem sehr verändert", grinste Kerstin. „Es geht ihr richtig gut, sie hat sogar schon ein bisschen zugenommen und will gar nicht mehr weg aus Akuralla."
Wir beschlossen unsere Unterhaltung beim Abendessen fortzusetzen und verabredeten uns auf dem Cabana Platz, wo Kerstin mit ihrem Freund eine der einfachen Palmblätterhütten gemietet hatte.
Kurz nach Sonnenuntergang betrat ich das Restaurant. Auf einer Holzbank am Eingang saß regungslos ein dunkelhäutiger Mann mit langen schwarzgelockten Haaren.

Seine Beine waren zum Lotussitz gekreuzt. Auf der Stirn und der nackten Brust hatte er Zeichen mit Asche aufgemalt, wie ich sie schon bei den Sadhus in Kataragama gesehen hatte. Er bewegte sich nicht, aber seine schwarzen Augen musterten mich einen Moment lang so eindringlich, dass mir ein Schauer über den Rücken lief.
Das Restaurant, das mit einer halb hohen Mauer umgeben war, war gut besucht. Im Licht einiger Öllampen saßen Touristen an den Tischen und aßen Reis und Curry. Mit einer Selbstverständlichkeit, als hätten sie es nie anders gelernt, benutzten sie die Hände zum Essen. Besteck war nirgendwo zu sehen.
Im hinteren Bereich des Restaurants befand sich die Küche, die durch eine Holztheke vom Gastraum getrennt war. Ein finster dreinschauender Mann mit wilder Mähne stand dort mit freiem Oberkörper an einer offenen Feuerstelle. Seine schulterlangen schwarzen Haare waren so dicht und kraus, dass sie fast waagerecht vom Kopf abstanden und ein struppiger Bart reichte ihm bis auf die Brust. Geschickt hantierte er mit dem einfachen Kochgeschirr und den Zutaten. Offenbar schien ihm das Essen, das er zubereitete, selbst zu schmecken, denn er hatte einen kugelrunden Bauch, der schweißnass im Schein des Feuers glänzte.
Einen Moment lang stand ich unschlüssig am Eingang, als Kerstin und ihr Freund eintraten.
„Namaste, Suriya“, begrüßte Adrian den wie versteinert auf der Bank sitzenden Srilanker und schenkte ihm sein strahlendstes Lächeln. Der Mann grüßte zurück, indem er die Handflächen aneinander legte und den Kopf senkte. Dann stand er auf und ging. Ich sah ihm nach, wie er in der Dunkelheit verschwand. Für einen Moment konnte ich nur noch das Hüfttuch, seinen weißen Lungi, in der Dunkelheit erkennen.

„Das ist Suriya“, stellte Adrian den Einheimischen vor. „Eigentlich heißt er Suriyakumar, das bedeutet Sohn der Sonne. Er ist der Boss hier und der älteste der drei Brüder, die den Laden schmeißen.“
Adrian ging erst einmal in die Küche, um die Bestellung aufzugeben und für uns Tee aufzugießen. Er bewegte sich in der Küche, als wäre er hier zu Hause. Kerstin plauderte unterdessen von Akuralla.
„Hanna wohnt immer noch dort“, erzählte sie. „Sie hat vor, ihre Wohnung in Deutschland zu kündigen und mit Anura das Hotel zu führen. Aber es gibt Probleme mit der Aufenthaltsgenehmigung. Sie denken daran zu heiraten, damit Hanna in Sri Lanka bleiben kann.“
Kerstin wurde unterbrochen, da in dem Moment das Essen von einem etwa 17-jährigen Jungen serviert wurde. An der langen, widerspenstigen Mähne war leicht zu erkennen, dass es sich ebenfalls um einen der drei Brüder handelte. Aber im Gegensatz zu den beiden älteren, war das Gesicht des Jungen freundlicher, und die großen Augen blitzten verschmitzt. Sein Lächeln entblößte ein schneeweißes Gebiss, dessen Schneidezähne weit auseinander standen, so dass dazwischen eine Lücke klaffte, die seiner Aussprache einen leicht lispelnden Ton verlieh.
„Dreimal Spezialität des Hauses“, sagte er. „Ladyfingers und Drumsticks.“
Ich hatte das merkwürdige längliche Gemüse noch nie gesehen, aber es schmeckte vorzüglich.
„Petra ist schon kurz nach deiner Abreise ausgezogen“, fuhr Kerstin beim Essen fort. „Es hat ihr wohl nicht gefallen, dass Hanna nun im Hotel das Sagen hat. Außerdem hat sie endlich eingesehen, dass ihre Freunde im Dorf gar keinen so großen Wert auf ihre Besuche legen. Inzwischen ist Brigitte mit ihrem Arzneikoffer bei den einheimischen Familien immer ein willkommener Gast.“

Nach dem Essen zeigten mir Kerstin und Adrian die Cabana, in der sie wohnten. Der Platz hinter dem Restaurant war nicht beleuchtet. Hier gab es keinen Stromgenerator. Eine Öllampe spendete in der Hütte ein schummriges Licht. Lediglich zwei Pritschen standen auf dem sandigen Boden und eine Holzbank, auf der das Gepäck deponiert war.
„Damit die Termiten die Taschen nicht anfressen“, merkte Adrian an.
Die Cabana hatte keine Fenster, aber im Gegensatz zu meinem Hotelzimmer war die Luft hier angenehm frisch. Die Palmblätter, aus denen die Wände bestanden, waren so locker geflochten, dass die Luft ungehindert zirkulieren konnte. Die Hütte hatte auch keine richtige Tür. Ein Flechtwerk wurde einfach gegen den Eingang gestellt. Die Atmosphäre auf dem Platz gefiel mir gut, aber allein in einer Cabana wie dieser zu wohnen, war mir doch nicht ganz geheuer.
Es war spät, als Kerstin und Adrian mich bis zur Straße begleiteten. Am Eingang des Platzes entdeckte ich eine Cabana, die sich von den übrigen Hütten abhob. Sie war größer, als die anderen, und sie befand sich in luftiger Höhe, denn sie war auf fünf massiv gemauerten Pfosten gebaut. Nur mit Hilfe einer Leiter konnte man ins Innere gelangen. Anstatt Fenster gab es ringsherum eine Öffnung, durch die die Luft zirkulieren konnte. Holzstäbe waren in dieser Öffnung angebracht, die so eng gesetzt waren, dass die Affen, die auf dem Dach herumturnten, nicht hindurchschlüpfen konnten.
„Die Cabana würde mir gefallen. Weißt du, ob sie frei ist?“, fragte ich Adrian.
„Das ist die Honeymoon-Suite. Sie wird nicht vermietet“, antwortete er. „Suriya war mal mit einer Deutschen verheiratet und hat hier mit ihr gewohnt. Seitdem seine Frau

mit einem Norweger nach Indien abgehauen ist, steht die Cabana leer."
Also ging ich wieder zurück in mein stinkendes Hotelzimmer. Im Bad hatte sich inzwischen auch noch eine Fledermaus eingenistet, die mit dem Kopf nach unten an der Decke hing. Ich nahm mir vor, mich bald nach einer anderen Unterkunft umzusehen.
Wenige Tage später musste Adrian abreisen. Sein Visum war abgelaufen, und er wollte mit der Fähre nach Indien übersetzen. In ein paar Wochen konnte er von Indien aus ein neues Visum für Sri Lanka beantragen. Adrian pendelte schon seit über zwei Jahren zwischen Indien und Sri Lanka hin und her.
Kerstin hatte sich mit ihm in der Cabana immer sicher gefühlt. Aber jetzt fürchtete sie sich vor der Nacht, vor der Dunkelheit und vor den Tierlauten, die durch die dünnen Wände drangen. Ich hatte genug von meinem stickigen Hotelzimmer, und so beschlossen wir, dass ich zu Kerstin in die Cabana zog.
Auf dem Platz gab es weder Strom noch fließend Wasser. Ein Brunnen diente als Wasserversorgung und Bad. Mit einem Eimer konnte man das Wasser aus der Tiefe heraufbefördern. Der Bereich um den Brunnen war mit flachen Steinen gepflastert, und daran grenzte eine Bepflanzung aus Bananenstauden. Durch die ständige Bewässerung gediehen die Pflanzen üppig und bildeten einen dichten Sichtschutz um das „Badezimmer" herum.
Bald stellte ich fest, dass meine Angst, in der offenen Hütte zu schlafen, völlig unbegründet war. Die tamilischen Brüder Suriya, Pathma und Ravi legten großen Wert darauf, die Cabanas gut zu bewachen. Sie achteten sehr genau darauf, dass kein Fremder den Platz betrat, und Pathma, der dicke Koch, schlug jede Nacht sein Lager auf der Holzbank am Eingang auf.

Suriya bewohnte die Cabana neben uns. Er schlief auf einer Hängematte vor seiner Hütte. Zuerst war mir der Tamile mit der wilden Mähne und den dunklen, funkelnden Augen ein wenig unheimlich, aber schon bald fühlte ich mich erst richtig sicher, wenn Suriya auf der Hängematte neben unserer Cabana lag.
Und Kerstin war ja auch noch da, nur manchmal ging sie abends aus, um Touristen auf der anderen Seite des Dorfes zu besuchen, die sie durch Adrian kennen gelernt hatte.
So auch an diesem Abend. Ich langweilte mich im Restaurant, es waren nur wenige Gäste da. Suriya hatte sich auch schon auf seine Hängematte zurückgezogen, und ich ging in meine Cabana und versuchte, beim Schein der Öllampe ein wenig zu lesen.
Plötzlich hörte ich einen gewaltigen Schlag gegen die Hüttenwand, dass die ganze Cabana wackelte. Die Tür wurde geöffnet, und Kerstin stolperte herein. Ihr Haar war zerzaust, krampfhaft hielt sie mit einer Hand ihren bunten Lungi fest, der zerrissen war. Mit weit geöffneten Augen starrte sie mich an und ließ sich dann auf ihre Pritsche fallen. Aber in der nächsten Sekunde sprang sie wieder auf.
„Die Nadeln, tu die Nadeln aus meinem Bett“, schrie sie hysterisch, und fegte wie wild mit den Händen ein paar Sandkörner von ihrem Laken.
„Was ist passiert, Kerstin?“ Ich stand auf und half ihr, die Decke auszuschütteln.
„Sein Gesicht! Auf einmal hat er ausgesehen, wie eine Ratte! Er hat mich festgehalten. Ich konnte mich nicht bewegen. Dann bin ich doch weggerannt. Und da waren die Hunde. Ich hab den Weg nicht mehr gefunden.“
In dem Moment stand Suriya in der Tür.
„Er soll abhauen“, kreischte Kerstin. „Er soll mich nicht anfassen!“

Suriya sah Kerstin in die Augen und meinte dann an mich gewandt: „Sag ihr, sie soll sich von den Drogen fernhalten. Wenn ihr mich braucht, ich bin nebenan.“
Nach und nach beruhigte sich Kerstin wieder. Sie lag auf ihrer Pritsche und starrte gebannt zur Decke, als ob dort oben eine Filmleinwand installiert wäre. Ich hatte keine Ahnung, welche Bilder sich vor ihrem geistigen Auge abspielten. Aber sie war ruhig, und ich stellte ihr keine Fragen mehr.
Am nächsten Morgen lag Kerstin krank und blass in der Cabana, und ich brachte ihr Tee. Gegen Mittag packte sie kurzentschlossen ihre Sachen. Sie wollte nur noch weg hier, zu ihrer Schwester nach Akuralla, am besten gleich zurück nach Deutschland. Kerstin hatte mir nicht erzählt, was in dieser Nacht vorgefallen war. Nur beim Abschied sagte sie: „Nimm dich in Acht vor manchen Touristen. Du kannst nicht allen trauen. Es war kein Einheimischer, der mir etwas angetan hat.“
Ich war nun allein in meiner Cabana. Aber auf dem Platz der drei tamilischen Brüder fühlte ich mich sicher.

*

Außer mir wohnten noch anderen Touristen auf dem Platz. Im hinteren Bereich, in einer älteren Cabana wohnte Carol, eine Engländerin. Sie war klein und zierlich, hatte einen blassen, durchscheinenden Teint und war immer gleich gekleidet. Carol trug hautenge Leggins mit Leopardenmuster und dazu ein ausgewaschenes lilafarbenes T-Shirt. Ihr Haar war in einem grellen Orange gefärbt und immer sorgfältig frisiert. Jeden Morgen bearbeitete sie ihre Haare mit Zuckerwasser, das sie als Festiger benutzte, damit die Haare senkrecht nach oben standen.

Zunächst wunderte ich mich, dass sie immer in denselben Klamotten herumlief, bis ich erfuhr, dass ihr in Colombo das Gepäck gestohlen worden war. Ihre Kleidung war weg und ihr Geld war weg. Sie besaß nur noch ihren Pass, den sie in einer Brusttasche am Körper getragen hatte. Carol wartete auf eine Geldüberweisung aus England. Die Brüder kannten sie schon lange und hatten ihr angeboten, in der Cabana zu wohnen und im Restaurant zu essen, bis sie das Geld erhalten würde.
In der Cabana neben ihr wohnte Ronaldo, der aus Italien stammte. Ihn bekamen wir tagsüber weder auf dem Platz, noch am Strand zu Gesicht. Ronaldo war damit beschäftigt, sich am Dorfrand ein Haus zu bauen. Gemeinsam mit einem singhalesischen Freund schuftete er den ganzen Tag. Der Italiener verbrachte die meiste Zeit des Jahres auf Sri Lanka. Zwischendurch flog er für ein paar Wochen in seine Heimat und ging dort einer Saisonarbeit nach. Das Geld reichte dann wieder aus, um sich ein paar Monate lang in Sri Lanka aufzuhalten. Vor einiger Zeit hatte er sich entschlossen, im Dorf einen eigenen Zweitwohnsitz zu bauen.
Außerdem wohnte noch Micha, ein Deutscher auf dem Platz. Ich hatte ihn schon durch Adrian und Kerstin kennen gelernt. Micha reiste seit über vier Jahren durch Sri Lanka, Indien und Nepal. Wenn er sich in Sri Lanka aufhielt, verbrachte er die meiste Zeit hier im Dorf. Für ihn waren die Brüder wie seine Familie, die Cabana sein Zuhause, und das Leben hier war für ihn Alltag geworden.
„Wozu sollte ich nach Deutschland zurückkehren?“, sagte er einmal zu mir. „Es gibt dort niemanden, der auf mich wartet.“
Aber wie Adrian erzählt hatte, gab es dort doch jemanden, der auf Micha wartete und zwar die Polizei. Er hatte

sich nach irgendwelchen Drogengeschäften nach Sri Lanka abgesetzt.
Manchmal hielt sich Micha stundenlang in seiner Cabana auf. Die meisten Touristen benutzten ihre Unterkunft lediglich als Übernachtungsmöglichkeit, aber Micha hatte sich seine Hütte mit den wenigen Habseligkeiten, die er besaß, gemütlich eingerichtet. Postkarten und bunte Batiktücher schmückten die Wände. Auf einem selbst gezimmerten Regal standen Gegenstände, die er auf seinen Reisen zusammengetragen hatte. Sorgfältig geputzte Silberdosen, kunstvoll geschnitzte Pfeifen und verschiedene kleine Statuen. Auf einer Holzkiste, die ihm als Tisch diente, standen Kerzen und eine Vase mit frischen Blumen. Wo immer er sich für ein paar Wochen niederließ, versuchte er, sich ein Zuhause zu schaffen. Ich hatte den Eindruck, dass Micha es eigentlich schon lange satt hatte, ständig von einem Ort zum anderen zu ziehen. Der Langeweile wirkte er entgegen, indem er den Brüdern oft half, wenn es darum ging, die Cabanas auszubessern, oder in der Stadt Einkäufe zu erledigen.
Suriya war froh über diese Hilfe, denn er ging nicht gerne in die nahe gelegene Stadt. Seit in Sri Lanka Bürgerkrieg herrschte, hatten sich Hass und Feindseligkeit breit gemacht. Die meiste Zeit hielt sich Suriya auf dem Platz auf.
Jeder der Brüder hatte einen bestimmten Aufgabenbereich. Der dicke Pathma war für die Küche zuständig und ließ sich dort auch nicht gerne ins Handwerk pfuschen. Suriya kümmerte sich um verschiedene Arbeiten auf dem Platz. Eine seiner Aufgaben war die Reinigung der sandigen Wege, und er erfüllte diese Arbeit mit einer Hingabe, als würde es auf der Welt nichts Bedeutenderes geben, als diese Wege zu säubern. Ich beobachtete ihn oft von meiner Cabana aus, wenn er mit seinem Rechen den Weg von kleinen Zweigen, Blättern und Dornen befreite.

Nie war ihm Eile anzumerken. Auch wenn die Mittagssonne erbarmungslos vom Himmel brannte, hatte ich nicht den Eindruck, dass er mit seiner staubigen Arbeit schnell fertig werden wollte. Die Ruhe, die von seinen gleichmäßigen Bewegungen ausging, übertrug sich auf mich, wenn ich ihm zusah. Unermüdlich strich er mit dem Rechen über den Sand. Er schien diese Aufgabe nicht als Arbeit, sondern als eine Art Meditation zu betrachten. Tief versunken sah er nicht einmal auf, wenn jemand an ihm vorbeiging. Erst wenn die letzte Dorne, das kleinste Blatt zur Seite gefegt war, und der Rechen eine gleichmäßige Rillenspur auf dem Sand hinterlassen hatte, betrachtete Suriya seine Arbeit als vollendet. Es kümmerte ihn auch nicht, wenn sein Werk sofort wieder zerstört wurde, weil die Gäste vom Strand kamen, oder sein Bruder Pathma einen Sack mit Kokosnüssen über den sandigen Weg schleppte.

Der jüngste Bruder Ravi war für die Einkäufe zuständig. Manchmal sah ich ihn morgens am Strand, wenn er von den Fischern die Zutaten für das Abendessen einkaufte. Die hinduistischen Brüder aßen keinen Fisch, sie waren Vegetarier. Aber Pathma bereitete auf Wunsch gelegentlich Fisch oder Meeresfrüchte für die Gäste zu. Fleisch wurde in seiner Küche nicht zubereitet.

Wenn Ravi morgens zu früh am Strand war und die Fischer den Fang noch nicht sortiert hatten, nahm er noch ein Bad im Meer. Eines morgens traf ich ihn am Strand. Er planschte nahe dem Ufer in den seichten Wellen.

„Komm Ravi“, rief ich ihm zu. „Wir schwimmen ein Stück hinaus!“

„Ich bleibe lieber hier, wo ich stehen kann“, entgegnete er. „Ich kann nicht schwimmen.“

„Du lebst am Strand und kannst nicht schwimmen?“

„Wozu sollten wir schwimmen?“, fragte Ravi. „Selbst die Fischer können es nicht. Sie haben Boote, um aufs Meer

zu fahren. Die Männer sagen immer: „Wir haben Füße, um zu gehen. Wenn wir schwimmen sollten, dann hätten wir Flossen.“
In der Tat hatte ich selten einen Einheimischen im Meer baden sehen. Bis auf ein paar Jungs, die ihre Zeit hauptsächlich mit Touristen verbrachten. Einige von ihnen eiferten den Australiern nach und übten das Surfen.
„Bis die Touristen kamen, ist niemand hier auf die Idee gekommen ins Meer zu gehen, um zu schwimmen“, meinte Ravi. „Wir legen uns auch nicht freiwillig in die Sonne, um zu braten. Wir müssen das nicht. Wir sind schon braun.“
Dann stieg er mit seinem triefnassen Lungi, den er zwischen den Beinen umgeschlagen hatte, dass eine Art Badehose entstand, aus dem Wasser und widmete sich seinen Einkäufen.
Ich suchte mir ein ruhiges Plätzchen am Strand um, wie Ravi es ausgedrückt hatte, ein wenig zu braten. Es waren nur wenige Touristen zu sehen. In der Ferne beobachtete ich einen einheimischen Mann, der am Strand entlang ging. Gehen war in diesem Fall nicht das richtige Wort. Der Mann hüpfte und tänzelte über den Sand, drehte sich im Kreis und breitete die Arme in Richtung Sonne aus, als wolle er sie einfangen. Dann näherte er sich vorsichtig den Wellen, die am Strand ausliefen. Aber seine Füße kamen mit der Gischt nicht in Berührung. Der seltsame Alte flüchtete vor jeder Welle, als habe er Angst vor dem Wasser.
Niemand nahm von seinem merkwürdigen Benehmen Notiz. Er grüßte jeden Touristen mit einer überschwänglichen Geste. Die Leute am Strand grüßten zurück und beachteten ihn dann nicht weiter.
Plötzlich kam der seltsame Mann direkt auf mich zu. Er blieb vor meinem Strandlaken stehen und musterte mich neugierig. Seine dünnen, weißen Haare und die verein-

zelten langen Barthaare flatterten wirr im Wind. Das Gesicht des Alten war von Falten durchfurcht. Aber seine kleinen, schwarzen Augen blitzten mich schelmisch an.
Der Mann neigte den Kopf leicht zur Seite, und sein Lächeln entblößte ein fast zahnloses Gebiss, in dem nur noch wenige braune Zahnruinen steckten. Der Körper jedoch, schien zu diesem greisen Gesicht überhaupt nicht zu passen. Seine Haltung war sehr aufrecht, und die fast schwarze Haut überspannte straff den hageren Körper.
Er setzte sich vor mich in den Sand und kreuzte mühelos die dünnen Beine zum Lotussitz. Dabei lächelte er mich unverwandt an. Ich wusste nicht, was er von mir wollte. Offenbar beabsichtigte der Greis nicht, mir etwas zu verkaufen. Er bat mich auch um nichts, aber seine direkte Art mich anzustarren, war mir unangenehm.
Neben mir auf meinem Handtuch lag ein Notizblock und ein bunter Kugelschreiber. Der Stift leuchtete in grellen Neonfarben und schien das Interesse des alten Mannes geweckt zu haben. Ich reichte ihm den Schreiber zu, und er betrachtete ihn von allen Seiten. Dann schnappte er sich meinen Notizblock, legte sich ein Stück weit von mir entfernt bäuchlings in den Sand und begann zu malen.
Als er damit fertig war, gab er mir den Kuli und den Block zurück. Auf dem Papier waren Strichmännchen aufgezeichnet, ganz so wie kleine Kinder Menschen darstellen. Eine der Figuren hatte den Arm nach oben gehoben und hielt einen Gegenstand in der Hand. Ich deutete ihm an, dass er den Stift behalten könne, aber er wehrte fast entrüstet mit beiden Händen ab.
Der Alte bedankte sich mit einer Verbeugung und hüpfte dann weiter am Strand entlang. In einiger Entfernung ließ er sich nieder und begann eine Sandburg zu bauen.
Ich ging zurück zu meiner Cabana. Am Eingang zum Platz traf ich Micha, der sich gerade mit Suriya unter-

hielt, und ich erzählte den beiden von dem merkwürdigen alten Mann am Strand.
„Das war Swami", lachte Micha. „Der ist zwar ein bisschen verrückt, aber harmlos."
„Du kannst ihm vertrauen", meinte Suriya. „Er hat die Weisheit der Kinder."
Ich wollte gerade zu meiner Cabana gehen, da fiel mir eine bucklige alte Frau auf, die am Straßenrand stand. Sie betrat den Platz nicht, sondern sah nur wortlos Suriya an. Das von Falten zerfurchte Gesicht wirkte traurig.
Suriya hatte sie auch bemerkt, ging in die Küche und kam mit einer Schale Reis und Dhal zurück. Er reichte der Greisin die Mahlzeit, und sie nahm dankend an. Dann sah die Alte zu mir auf. Die Bucklige maß höchstens einen Meter und vierzig. Mit ihren dürren, runzligen Händen strich sie über meinen Arm. Ich wich zurück, denn ich wusste nicht, was sie von mir wollte. Die Greisin lächelte und sagte etwas mit krächzender Stimme auf Tamilisch zu Suriya. Er wackelte zustimmend mit dem Kopf.
Dann sah sie mir in die Augen und murmelte wieder ein paar Worte. Suriya antwortete, und die Alte kicherte. Sie hockte sich an den Straßenrand und begann ihre Mahlzeit zu verzehren.
„Was hat sie gesagt?", fragte ich Suriya.
„Sie meinte, du hast gute Augen. Sie verraten rechtes Handeln, aber falsches Denken."
„Und was hast du geantwortet?"
„Dass du aus Europa kommst. Falsches Denken, du würdest es Misstrauen nennen, ist in Europa eine weit verbreitete Krankheit."
Wir gingen zu unseren Cabanas.
„Die Frau ist sehr alt", erzählte Suriya unterwegs. „Vor einiger Zeit ist ihr Mann gestorben. Sie hat keine Kinder, oder andere Verwandte. Niemand kümmert sich um sie.

Im Dorf leben nicht mehr viele Tamilen, die ihr helfen können. Wenn wir ihr nichts zu Essen geben, wird sie sterben."

An meiner Cabana angekommen blieb Suriya einen Moment lang stehen.

„Die alte Frau sagt, es wird bald Regen geben", meinte er und sah zum Himmel auf. „Wenn der Monsun kommt, reisen die Gäste ab."

Ich sah ebenfalls nach oben. Der Himmel war blau und wolkenlos. Es wehte ein leichter Wind, aber ich konnte keine Anzeichen von Regen entdecken.

„Wenn der Regen kommt, wirst du auch abreisen", sagte Suriya, bevor er zu seiner Cabana ging. Und ich glaubte Traurigkeit in seinen Augen zu sehen.

Mein Aufenthalt in Sri Lanka neigte sich in der Tat dem Ende zu. Das Touristenvisum für drei Monate war fast abgelaufen. Es wurde Zeit, dass ich nach Colombo fuhr und mich um ein Flugticket nach Indien kümmerte. Ich hatte vor, mir im Landesinneren noch einige Sehenswürdigkeiten anzuschauen, aber die letzten Tage meines Aufenthalts wollte ich hier an der Ostküste verbringen.

Die alte Frau sollte Recht behalten. Schon am nächsten Tag ballten sich dicke Regenwolken zusammen, und dann begann es sintflutartig zu regnen. Zuerst klatschten ein paar riesige Tropfen auf die staubtrockene Erde. Sekunden später schüttete es vom Himmel, dass innerhalb kürzester Zeit der Platz unter Wasser stand. Der sonst so gepflegte Garten verwandelte sich in eine schlammige Pfütze. Das Wasser konnte nicht so schnell abfließen, wie es vom Himmel stürzte.

Ich lief durch den warmen Regen zu meiner Cabana und rettete mein Gepäck auf die Holzpritsche. Das Palmblätterdach konnte den Wassermassen nicht standhalten, und es begann ins Innere zu regnen. Kleine Bäche schlängelten sich über den sandigen Boden meiner Cabana. Der

Regenguss dauerte nicht lange. Genauso schnell, wie die Wolken aufgetaucht waren, verzogen sie sich wieder, und kurze Zeit später brannte die Sonne bereits wieder von einem wolkenlosen Himmel. Der Boden dampfte, die Luft war unerträglich schwül, und da war wieder dieser modrige Geruch, den ich schon bei meiner Ankunft in Sri Lanka wahrgenommen hatte.
Die Handtücher, die in meiner Cabana hingen, waren nass. Das Laken, das ich nachts als Decke benutzte, und selbst die Kleidung in meiner Reisetasche war feucht. Ich räumte alles aus und hing die Sachen in die Sonne zum Trocknen. Die Brüder beseitigten währenddessen die Spuren des Schauers in der Küche und im Restaurant.
In der Sonne trocknete die Kleidung schnell, aber am Abend begann es schon wieder zu regnen. Ich ging früh in meine Cabana. Zum Glück war der Regen nicht so heftig, wie am Nachmittag. Das Dach hielt dem Wasser stand. Aber ich konnte nicht schlafen. Die hohe Luftfeuchtigkeit machte mir zu schaffen. Selbst wenn ich mich nicht bewegte, standen mir die Schweißperlen auf der Stirn. Ich wälzte mich von einer Seite auf die andere. Plötzlich, es war schon weit nach Mitternacht, wurde ich von einem grellen Schrei aufgeschreckt. Ich sprang auf und sah aus meiner Cabana. Der Regen peitschte mir ins Gesicht. In der Dunkelheit konnte ich nichts erkennen. Und wieder hörte ich einen markerschütternden Schrei. In dem Moment kam Pathma an meiner Cabana vorbeigelaufen. Zusammen rannten und schlitterten wir über den matschigen, vom Regen aufgeweichten Boden. Die Schreie kamen aus Carols Cabana. Suriya war schon dort angekommen und versuchte, die völlig hysterische Engländerin zu beruhigen. Immer wieder kreischte sie: „Eine Ratte, eine Ratte!“
Carol war triefend nass und zitterte am ganzen Körper. Ihre sonst so sorgfältig frisierten Haare klebten an ihrem

Kopf. Sie presste eine Hand an die Schläfe und schrie noch immer: „Eine Ratte, sie ist in meiner Cabana!"
Wir brachten Carol ins Restaurant und Suriya durchsuchte die Hütte, aber er konnte nichts entdecken. Erst im Restaurant, beim Schein einer Öllampe sahen wir, dass Carol eine kahle Stelle am Kopf hatte. Eine Ratte hatte ihr im Schlaf ein großes Büschel der orangefarbenen Pracht abgefressen, die sie noch am Abend frisch mit Zuckerwasser frisiert hatte. Carol schlief in dieser Nacht in meiner Cabana, und wir ließen bis zum Morgen eine Öllampe brennen.
Am nächsten Tag musste ich mich auf den Weg nach Colombo machen, um mein Visum für Indien zu beantragen und einen Flug zu buchen. Eigentlich wäre ich noch gerne an der Ostküste Sri Lankas geblieben, trotz des Monsuns. Der Grund dafür war Suriya.

# IV

Sie nannten den roten, verrosteten Bus den Mitternachts-Express. Er startete kurz vor Sonnenuntergang an der Ostküste, durchquerte auf seiner nächtlichen Fahrt die Insel und erreichte gegen Morgen die Hauptstadt an der Westküste. „Express" war jedenfalls etwas übertrieben, denn für weniger als 300 km benötigte er über 10 Stunden. Dennoch war es die schnellste Art von Sinna Ullai nach Colombo zu gelangen.

Ich nahm nur eine kleine Tasche mit, Kleidung für ein paar Tage, etwas Geld und meinen Reisepass. Mein übriges Geld, Schecks und mein Rückflugticket deponierte ich im „Safe" bei den Brüdern. Dieser Tresor war eigentlich nur ein einfacher Küchenschrank, der mit einem Vorhängeschloss gesichert war. Aber hier waren meine Wertsachen gut aufgehoben. Nicht weil der Holzschrank einbruchssicher gewesen wäre, sondern weil Pathma ihn Tag und Nacht bewachte. Niemand durfte auch nur in die Nähe des Safes kommen.

Die Einheimischen im Bus musterten mich interessiert, als ich in den Mitternachts-Express einstieg. Sie fanden es wohl ungewöhnlich, dass eine junge Touristin ohne Begleitung mit dem Nachtbus reiste. Überhaupt befanden sich fast nur männliche Fahrgäste im Bus, nur ganz hinten saß eine kleine, bucklige alte Frau. Sie rückte ans Fenster, als sie mich kommen sah und gab mir mit einer einladenden Geste zu verstehen, dass ich neben ihr Platz nehmen sollte. Freundlich lächelte sie mich an und hielt dabei verschämt die Hand vor ihr fast zahnloses Gebiss.

Schon kurze Zeit nach unserer Abfahrt wurde es dunkel. Nur ein schummriges Licht beleuchtete das Innere des Busses, und die Fahrgäste versuchten, es sich auf den Holzbänken so bequem wie möglich zu machen. Einige

hatten sich im Mittelgang auf den Boden gelegt. Andere versuchten in sitzender Position zu schlafen, was jedoch bei den schlechten Straßenverhältnissen äußerst schwierig war.
Die Alte neben mir packte erst mal ihren Reiseproviant aus, ein in Bananenstaudenblätter gewickeltes Reisgericht. Freundlich bot sie mir auch eines der grünen, zusammengeschnürten Päckchen an. Ich war nicht besonders hungrig, aber die Greisin sah mich so bittend an, dass ich nicht ablehnen konnte. Dankend nickte ich ihr zu, und sie lächelte zufrieden. Eigentlich schmeckte ich nur Schärfe, aber die alte Frau war anscheinend der Meinung, dass dem Gericht noch ein Gewürz fehle. Sie streute, bevor ich sie davon abhalten konnte, noch ein Pulver über meinen Reis. Zum Glück handelte es sich dabei nicht um Chili, ich hatte schon genug Probleme mit dem Brennen in meinem Hals.
Nach dem Essen reinigte sie ihre kleinen, zitternden Hände mit einem Tuch und dem Saft einer Limone und forderte mich auf, es ebenso zu tun. Dann lehnte sie ihren Kopf an die Fensterscheibe, zog die Schärpe ihres Saris über das faltige Gesicht und schlief ein. Bei jedem Schlagloch knallte ihr Kopf gegen das Glas, aber das schien sie in ihrer Nachtruhe nicht zu stören.
Auch ich fühlte, dass plötzlich eine bleierne Müdigkeit über mich kam. Im Bus war Stille eingekehrt. Immer wieder fielen mir die Augen zu. Da ich den Kopf nirgends anlehnen konnte, kippte er jedes Mal nach vorne, wenn ich für einen Moment einnickte.
Etwa um Mitternacht hielt der Bus in einem Dorf an. Die Straße war dunkel. Nur in einer Bretterbaracke, in der sich ein Teeshop befand, brannte Licht. Einige Fahrgäste stiegen aus und verschwanden in den Büschen am Straßenrand. Es stank erbärmlich. Das ganze Dorf schien eine einzige große Kloake zu sein. Andere drängten in

den Shop, um Tee zu trinken. Ich war zu müde, um aufzustehen, stützte die Unterarme auf die Sitzlehne vor mir und legte die Stirn auf meine Hände. Es schien mir zwar unmöglich in dieser Position zu schlafen, aber solange der Bus stand und ich nicht hin und her gerüttelt wurde, konnte ich wenigstens die Augen schließen und etwas ausruhen.
Doch dann geriet ich in einen seltsamen Zustand zwischen Schlafen und Wachsein. Wirre Träume vermischten sich mit den Stimmen der Fahrgäste und dem monotonen Motorengeräusch. Fuhr der Bus schon weiter? Ich fühlte mich wie gelähmt und war nicht imstande mich zu bewegen, oder die Augen zu öffnen. Trotzdem gelang es mir, mich an der Vorderlehne festzuhalten, damit ich in den Kurven nicht vom Sitz rutschte. Ich fühlte die Kälte, die durch das Fenster in den Bus drang. Hatten wir schon das Bergland erreicht? Jegliches Zeitgefühl war mir abhanden gekommen.
Ich hatte keine Ahnung, wie lange dieser Zustand zwischen Traum und Wirklichkeit angedauert hatte, als im Bus plötzlich ein lauter Tumult losbrach. Stimmengewirr war zu hören. Die Fahrgäste drängten zur Tür. Auch die freundliche Alte, die neben mir gesessen hatte, schien es plötzlich sehr eilig zu haben und zwängte sich an mir vorbei in Richtung Ausgang. Einen Moment lang wusste ich nicht, was um mich herum geschah. Dann sah ich aus dem Fenster. Im fahlen Licht konnte ich den Busbahnhof von Colombo erkennen.
Hatte ich wirklich so lange geschlafen? Ich war verwirrt, stand auf und wollte zum Ausgang gehen. Da bemerkte ich, dass meine Tasche verschwunden war. Ich sah unter dem Sitz nach, suchte auf dem Boden zwischen den Beinen der Menschen, die in Richtung Ausgang drängten. Aber ich konnte mein Gepäck nicht finden. In dem Moment begriff ich. Ich sah mich nach der alten Frau um.

Sie hatte inzwischen die Tür erreicht. Es war unmöglich ihr zu folgen. Die anderen Fahrgäste sahen mich nur vorwurfsvoll an, als ich versuchte, mich an ihnen vorbei zu drängen.
Das Pulver, schoss es mir durch den Kopf. Was für ein Pulver hatte mir die Alte über das Essen gestreut? Mir war schwindelig. Alles drehte sich. Als ich endlich den Ausgang erreichte, war die Alte längst in der Menschenmenge verschwunden.
Ich stand auf dem Busbahnhof der Hauptstadt, ohne mein Gepäck, ohne Reisepass, und ohne einen einzigen Dollar oder Rupie in der Tasche.

*

Obwohl es erst fünf Uhr morgens war, herrschte am Terminal schon reger Betrieb. Menschen kauerten am Straßenrand und warteten auf ihren Bus. Manche lagen auf dem staubigen Boden, den Kopf auf ihre Tasche gebettet. Gepäckträger boten ihre Dienste an. Garküchen auf Rädern wurden über die Straße geschoben, an denen man heißen Tee und kleine Mahlzeiten kaufen konnte, sofern man Geld besaß. Egal ob scharf oder nicht, das Essen duftete köstlich.
Eine Frau, die mit einem schmutzigen Baumwollsari bekleidet war, streckte die Hand nach mir aus. Sie hatte das Gesicht unter ihrem Gewand verborgen, und auch ihre Hand war mit einem Lumpen umwickelt. Hatte Brigitte nicht erzählt, dass es in Sri Lanka noch häufig Fälle von Lepra gab? Nur wenige Meter weiter kam mir ein kleiner Junge entgegen. Er bewegte sich auf einem Holzbrett vorwärts, an dessen Unterseite Rollen befestigt waren. Die Beine des Kindes waren oberhalb der Knie amputiert, die Stümpfe mit Stofffetzen umwickelt. Er sah mich bittend an, aber ich konnte nichts für ihn tun. Ich

hatte nichts, was ich ihm hätte geben können. In Sinna Ullai, wo meine Schecks aufbewahrt waren, gab es kein Telefon. Ein Rückfahrtticket für den Bus besaß ich auch nicht, und es war auch unmöglich, irgendeinen Srilanker um Geld zu bitten. Wer würde einer Touristin auch nur eine Rupie geben? Es gab hier schon genug Bedürftige.
Zwischen den Menschen, die ihrer Arbeit nachgingen, auf ihren Bus warteten, oder bettelten, patrouillierten Soldaten mit geschulterten Gewehren. Die Passanten wichen ihnen aus, oder gingen mit gesenkten Köpfen an ihnen vorbei. Ich hielt es auch für besser, nicht ihre Aufmerksamkeit zu erregen. Schließlich besaß ich keinen Pass und konnte somit kein Visum vorweisen. Mir fiel nichts anderes ein, als mich an die Deutsche Botschaft zu wenden. Vielleicht konnte man mir dort weiter helfen.
Also fragte ich einen Tuk-Tuk Fahrer nach dem Weg zur Botschaft. Der Mann sprang sofort aus seinem knatternden Kabinenwagen und forderte mich auf, einzusteigen. Als er jedoch erfuhr, dass ich kein Geld besaß, ließ er mich stehen, ohne mir Auskunft über den Weg zu geben. Ziellos irrte ich durch die Straßen, bis ich schließlich vor der Pforte eines großen Hotels stand. Ein Portier, der eine purpurrote Weste trug, stand vor dem Eingang. Einen Moment lang zögerte er. Ich sah wohl in meiner verstaubten Kleidung nicht unbedingt wie die Gäste aus, die üblicherweise in diesem Hotel abstiegen. Dann öffnete er schließlich doch die Tür.
Müde betrat ich die klimatisierte Halle und ging über den Marmorboden auf die Rezeption zu.
„Kann ich irgend etwas für Sie tun?“, fragte die junge Srilankerin am Empfang in fast akzentfreiem Englisch und fügte zögernd hinzu: „Madam.“
„Können Sie mir sagen, wie ich zur Deutschen Botschaft finde?“

„Die Botschaften befinden sich in Cinnamon Gardens einem Vorort der Stadt“, antwortete die Frau. „Am besten, Sie nehmen ein Taxi dorthin.“
„Vielleicht haben Sie einen Stadtplan, auf dem Sie mir den Weg zeigen können.“
Sie holte eine Karte aus einer Schublade: „Zwei Rupien, bitte.“
„Ich habe keine zwei Rupien“, setzte ich sie in Kenntnis. „Ich bin bestohlen worden.“
„Das tut mir sehr leid, Madam“, antwortete die junge Frau und schob den Stadtplan wieder zurück in die Schublade.
Ich wollte gerade das Hotel verlassen, da hörte ich, wie sie mir nachrief: „Warten Sie einen Moment.“ Sie schob mir ein Blatt Papier zu, auf dem die Stadtteile Colombos dargestellt waren.
„Für unsere Gäste“, sagte sie und sah sich um, ob einer ihrer Vorgesetzten in der Nähe war. Mit ein paar Strichen markierte sie den Weg zur Botschaft und schob den Zettel über die Theke. „Viel Glück, Madam.“
Mit der Wegbeschreibung in der Hand verließ ich das Hotel und versuchte, mich in dem Straßengewirr zurecht zu finden. Ich passierte prächtige koloniale Gebäude, vor denen Soldaten patrouillierten, überquerte breite, dichtbefahrene Straßen und entfernte mich immer weiter vom Zentrum. Schließlich erreichte ich die Armutsviertel in den Außenbezirken der Stadt. Abfallbehausungen aus Kartons, Holz, Blech und Tüchern prägten hier das Bild. Frauen saßen vor den Hütten und bereiteten Mahlzeiten zu. Mein Magen knurrte, obwohl es in dieser Gegend nicht gerade appetitanregend roch. Müll lag überall herum und lockte Schwärme von Fliegen an. Ich versuchte die aufdringlichen Insekten zu verscheuchen. Die Kinder, die am Straßenrand spielten, hatten das längst aufgege-

ben. Sie wehrten sich nicht gegen die Fliegen, die über ihre Arme und die Gesichter krochen.
Nach einem endlos scheinenden Fußmarsch änderte sich das Bild der Stadt wieder. Die Straßen wurden breiter, die Häuser größer, die Gegend sauberer. Ich näherte mich dem Villenviertel Cinnamon Gardens. Jetzt konnte es bis zur Botschaft nicht mehr weit sein.
Plötzlich entdeckte ich in einiger Entfernung zwei Touristinnen, die mit ihren Rucksäcken auf dem Rücken in eine Seitenstraße einbogen. Hastig folgte ich ihnen. Vielleicht konnte ich sie um ein paar Rupien für ein Getränk bitten. Mein Mund war so trocken, als hätte ich einen Löffel Staub gefrühstückt. Aber bevor ich die Frauen erreichen konnte, waren sie schon in einem kleinen Hotel verschwunden. „Traveller´s Nest“, stand auf einem Schild am Eingang.
Es war inzwischen Mittag und die Sonne brannte erbarmungslos vom Himmel. Im Innenhof eines Grundstückes spielten Kinder an einem Brunnen. Sie spritzten mit Wasser, leerten sich das Nass eimerweise gegenseitig über den Kopf. Einen Moment lang dachte ich daran, einfach in den Hof zu gehen und mich am Brunnen zu erfrischen, da las ich das Straßenschild. Endlich war ich am Ziel.
Die Botschaft befand sich in einer Villa inmitten eines grünen Gartens, der von einem hohen Zaun umgeben war. Sicherlich würde man mir hier weiterhelfen. Schon bald konnte ich mir ein Hotelzimmer nehmen, essen, trinken, duschen und ausruhen. Eine herrliche Vorstellung, die jedoch jäh zunichte gemacht wurde. Das schmiedeeiserne Tor war verschlossen. Und dann las ich das Schild, das neben dem Eingang befestigt war. Dort stand in deutscher Sprache geschrieben: „Heute geschlossen wegen Allerheiligen.“

Ungläubig starrte ich die Aufschrift an. Schweißperlen traten auf meine Stirn. Ich musste mich zusammenreißen, um einen klaren Gedanken zu fassen. Wo sollte ich ohne Geld die Nacht verbringen? Als erstes musste ich etwas trinken. Mir war schwindelig vor Durst.
Also ging ich die Straße zurück bis zu dem Innenhof, in dem die Kinder spielten. Als ich das Grundstück betrat, hielten die Kleinen inne und wichen erschrocken zurück. Ich steuerte geradewegs auf den Brunnen zu. Ungläubig beobachteten die Kinder, wie ich den Eimer mit Wasser nahm und einen großen Schluck daraus trank und dann noch einen Schluck, als wollte ich den ganzen Eimer leeren. Daraufhin bedankte ich mich und verließ den Hof. Die Kleinen starrten mir sprachlos nach.
Als nächstes musste ich mich um eine Unterkunft für die Nacht kümmern. Ich ging den Weg zurück bis zu dem Hotel, in dem die Touristinnen verschwunden waren. Bevor ich eintrat, versuchte ich mein Haar etwas zu ordnen und klopfte mir den Staub aus der Kleidung. Dann betrat ich das Hotel.
„Ich möchte ein Zimmer für diese Nacht."
Ich versuchte selbstbewusst zu wirken, dabei war mir sterbensübel.
„Haben Sie denn kein Gepäck", fragte der Mann an der Rezeption misstrauisch.
„Mein Gepäck ist in meinem Hotel in Negombo", log ich. „Ich habe etwas auf der Deutschen Botschaft zu erledigen. Leider ist heute geschlossen. Ich muss Morgen früh noch einmal dort hin."
Von dem Touristenort Negombo, der sich in der Nähe der Hauptstadt befand, hatte ich gehört.
„Tragen Sie hier Namen und Ausweisnummer ein", forderte der Portier mich auf.
„Mein Ausweis ist auf der Botschaft", redete ich mich heraus. „Ich muss ihn morgen dort abholen."

Meine Erklärungen schienen dem Mann einzuleuchten. Er schob einen Schlüssel über den Tisch, ohne weitere Fragen zu stellen.
Erleichtert betrat ich das Zimmer. Man hätte das Hotel wohl als Mittelklasse bezeichnet, aber mir schien die Ausstattung wie der pure Luxus. Das Bett war weich und mit rosa Bettzeug bezogen. An der Decke summte ein Ventilator, und es gab ein hellblau gefliestes Badezimmer, in dem kleine duftende Seifenstückchen lagen und frische Handtücher hingen.
Nachdem ich nun ein Hotelgast war, war es auch kein Problem mehr, eine Mahlzeit und Getränke zu bestellen. Ich ließ alles auf die Rechnung setzen.
Gut ausgeschlafen, erfrischt und gestärkt, machte ich mich am nächsten Morgen auf den Weg zur Botschaft. Dieses Mal war das schmiedeeiserne Tor geöffnet. Ich betrat das Gebäude. Ein einheimischer Mann, der perfekt Deutsch sprach, empfing mich und hörte sich gelangweilt meine Geschichte an.
„Ich kann Ihnen einen provisorischen Pass ausstellen, mit dem Sie nach Deutschland zurückfliegen können“, schlug er vor.
„Aber ich möchte nicht nach Deutschland fliegen“, antwortete ich. „Ich wollte nach Indien weiterreisen.“
„Das wird wohl kaum möglich sein, ohne Reisepass“, entgegnete der Mann.
Nach langer Diskussion erklärte er sich schließlich bereit, mir einen neuen Pass zu besorgen.
„Das wird allerdings eine Weile dauern. Der Pass wird in Deutschland beantragt. Mit vier bis sechs Wochen müssen Sie rechnen.“
„Ich habe Zeit.“
„Das habe ich mir schon gedacht“, meinte der Srilanker. „Und wahrscheinlich haben Sie auch nichts dagegen,

ihren Aufenthalt in Sri Lanka noch ein bisschen zu verlängern."
Er stellte mir ein provisorisches Ausweispapier aus.
„Nennen Sie mir die Adresse und Telefonnummer Ihres Hotels. Ich werde Sie benachrichtigen, sobald der Pass eingetroffen ist."
„Es gibt dort kein Telefon", antwortete ich. „Ich wohne zur Zeit in einem kleinen Dorf an der Ostküste."
Jetzt zeigte der Mann plötzlich doch eine gefühlsmäßige Regung. Entsetzt sah er mich an und legte seinen Kugelschreiber nieder.
„Haben Sie denn keine Nachrichten gehört? Es hat erneut Bombenanschläge gegeben. Im gesamten Norden und Osten des Landes wurde der Ausnahmezustand verhängt. Das ist Tamilengebiet, junge Frau. Sie können unmöglich an die Ostküste zurück. Es herrscht Bürgerkrieg!"
„Aber ich muss wieder zurück. Meine Reiseschecks sind dort deponiert und mein Rückflugticket."
„Ich kann Ihnen davon nur abraten", warnte der Srilanker. „Die politische Situation ist angespannt. Soldaten werden in den Norden und Osten des Landes geschickt. Das ist kein Urlaubsgebiet mehr. Falls Sie gegen meinen Rat doch dorthin fahren, um ihre Sachen abzuholen, dann verlassen Sie so schnell wie möglich das Gebiet wieder. Wir können für Ihre Sicherheit nicht garantieren."
Widerwillig gab mir der Mann ein paar Rupien für die Hotelrechnung und die Busfahrt.
„Es kommen zu viele junge Leute zu uns, die aus irgend einem Grund Geld wollen", murrte er. „Sie erzählen uns die abenteuerlichsten Geschichten."
Das Geld reichte, um einen Bus zum Stadtzentrum zu nehmen, und ich hatte auch noch ein paar Rupien für eine Mahlzeit übrig. Bis zur Abfahrt des Busses zur Ostküste war noch genügend Zeit. Der Mitternachts-Express startete erst am Abend. In der Nähe des Busbahnhofes fand

ich ein Lokal, in das viele Einheimische strömten. Hier würde ich für mein Geld bestimmt eine Mahlzeit bekommen.
Der Raum glich eher einer Halle, als einem gemütlichen Restaurant. In langen Reihen waren Tische aufgestellt, an denen die Srilanker hastig ihre Mahlzeiten zu sich nahmen. Keiner von ihnen blieb nach dem Essen noch an seinem Platz sitzen. Es wurde sofort für die bereits wartenden Gäste Platz gemacht. Nur wenige Frauen befanden sich in der Lunch-Halle. Einige der Männer sahen erstaunt auf, als ich den Raum betrat. An einer Theke waren verschiedene Speisen aufgereiht. Ich entschied mich für zwei appetitlich aussehende Teigröllchen und nahm an einem der langen Tische Platz. Die Teigrollen enthielten eine scharf gewürzte Füllung, aber sie schmeckten hervorragend.
„Das sind die besten in der Stadt", sprach mich ein Mann an, der mir gegenüber saß. Freundlich lächelte er mir zu. „Bleibst du länger in Colombo? Ich könnte dir die Stadt zeigen."
„Nein", entgegnete ich. „Ich reise noch heute ab."
Die Gäste, die neben uns am Tisch saßen waren mit dem Essen fertig und standen auf. Und die wenigen Minuten, in denen die Plätze frei blieben und uns niemand zuhören konnte, nutzte der Einheimische. Er beugte sich über den Tisch und flüsterte mir zu: „Wir können in ein Hotel gehen. Für zwei Stunden. Ich habe Geld."
Bevor ich ihm eine passende Antwort geben konnte, war plötzlich auf der Straße ein ohrenbetäubender Knall zu hören. Holzstücke flogen am Eingang der Lunch-Halle vorbei, Fensterscheiben zerbarsten. Draußen hörte man Reifen quietschen. Im Lokal brach ein unbeschreibliches Chaos aus. Menschen kreischten. Geschirr fiel klirrend zu Boden. Tische und Bänke wurden umgestoßen. Die Gäste drängten in Panik zum Ausgang, und ich versuchte

ebenfalls, die Tür zu erreichen. Aber ich wurde zur Seite gestoßen, stolperte und stürzte zu Boden. Füße trampelten über meinen Rücken hinweg. Verzweifelt versuchte ich wieder auf die Beine zu kommen, aber es gelang mir nicht, mich zwischen den flüchtenden Menschen aufzurichten. Schützend hielt ich die Hände über meinen Kopf. Dann hörte ich erneut einen explosionsartigen Knall. Steine stürzten von der Decke zu Boden. Ein junger Mann, der sich gerade anschickte, über mich hinweg zu steigen, wurde getroffen und brach mit einer blutenden Wunde am Kopf zusammen. Ich schaffte es, mich aufzurichten. Rauch drang durch die Eingangstür. Ein einziger Gedanke trieb mich an: Nur raus hier!

Als ich endlich die Straße erreichte, bot sich mir ein Bild der Verwüstung. Verletzte lagen blutend auf dem Asphalt. Trümmer waren über die Fahrbahn verstreut. In der Mauer des Geschäfthauses neben der Lunch-Halle klaffte ein riesiges Loch. Menschen rannten in Panik über die Straße. Autos und Busse waren ineinander verkeilt. Soldaten mit angelegten Gewehren stürmten auf das Geschäftshaus zu. Und ich rannte in die andere Richtung, den flüchtenden Menschen hinterher.

Plötzlich bemerkte ich eine Touristin, die wie paralysiert in einem Hauseingang stand. Sie war älter als ich, etwa Mitte vierzig. Ihr Sommerkleid war zerrissen und von Ruß geschwärzt. Krampfhaft umklammerte sie ihre Tasche.

„Komm, weg hier“, rief ich ihr auf Englisch zu. Aber die Frau rührte sich nicht von der Stelle. Kreidebleich und mit weit aufgerissenen Augen starrte sie in die Richtung, in der der schwarze Qualm aufstieg.

In dem Moment gab es noch mal eine Explosion. Feuer loderte aus den Fenstern des Geschäftshauses und aus dem Eingang der Lunch-Halle.

Kurzerhand packte ich die Touristin am Arm und zog sie mit mir durch das Gewirr flüchtender Menschen, vorbei an Fahrrädern, die herrenlos auf der Straße liegengelassen worden waren und an hupenden Autofahrern, die nicht mehr vorwärts und nicht rückwärts weiter kamen.
„Mein Koffer", stammelte die Frau auf Deutsch, folgte mir aber bereitwillig durch die engen Straßen des Basarviertels, bis von dem Feuer und dem Rauch nichts mehr zu sehen war.
Endlich blieben wir stehen, völlig außer Atem. Sie schien wieder einigermaßen zu sich zu kommen.
„Wir müssen weg aus Colombo", beschwor ich sie.
„Mein Koffer ist am Busbahnhof. Ich habe die Busfahrkarte schon gekauft."
„Zum Terminal kannst du nicht zurück. Heute fahren keine Busse mehr. Vielleicht verlassen noch Züge die Stadt."
Wir waren nicht weit vom Bahnhof entfernt. Aber natürlich waren wir nicht die Einzigen, die nach dem Bombenattentat beim Busterminal die Stadt mit dem Zug verlassen wollten. Von allen Seiten strömten Menschen auf das Bahnhofsgebäude zu. Reisende, Pendler und Menschen, die einfach weg wollten.
Wir rannten zum erstbesten Zug. An der Lok konnte ich die Aufschrift „Kandy" erkennen. Aber wie erwartet waren die Abteile restlos überfüllt, und selbst auf den Dächern der Waggons hatten sich Fahrgäste niedergelassen. Wir hetzten von einer Tür zur anderen, es schien kein Zentimeter Platz in den Abteilen zu sein. Und dann wurden wir doch noch von zwei srilankischen Männern in den Zug gezogen. Wir standen an der geöffneten Tür, und die Einheimischen stellten sich wagemutig auf das Trittbrett. Das Signal ertönte. Der Zug setzte sich in Bewegung.

Erst als wir in einem Vorort der Hauptstadt hielten, lichtete sich das Gedränge ein wenig, und einige Stationen weiter waren so viele Fahrgäste ausgestiegen, dass wir einen Sitzplatz in einem Abteil fanden.
Ingrid, meine Begleiterin, hatte ihren Schock anscheinend noch nicht überwunden. Pausenlos redete sie auf mich ein.
„So hab ich mir meine Reise nach Sri Lanka nicht vorgestellt", plapperte sie. „Mein ältester Sohn ist letztes Jahr hierher geflogen, und er hat nur Gutes erzählt. Ich bin gerade mal ein paar Stunden auf der Insel, und schon fliegen mir die Bomben um die Ohren. Wenn du mich von dieser Ecke nicht weggezogen hättest, würde ich da wahrscheinlich in drei Tagen noch stehen. Mein Mann und meine Söhne haben mir sowieso nicht zugetraut, dass ich allein in Sri Lanka zurechtkomme. Wenn die mich jetzt sehen könnten."
Sie versuchte mit der Hand den Ruß von ihrem Kleid zu wischen.
„Ich hab alles über die Geschichte und Kultur des Landes gelesen, das ich in die Finger kriegen konnte", fuhr sie fort. „Wahrscheinlich hätte ich mich ausgiebiger mit dem Thema Politik befassen sollen."
Ingrid sah aus dem Fenster. Die Dampflok quälte sich schnaufend einen Hang hinauf. Über die sanft geschwungenen Hügel erstreckten sich Reisterrassen. Brücken führten über malerische Schluchten. Saftiges Grün in allen Schattierungen. Der Anblick schien eine beruhigende Wirkung auf meine Begleiterin zu haben.
„Weißt du, ich bin nicht an den Stränden und Ferienhotels Sri Lankas interessiert. Ich wollte die Tempel sehen, die antiken Städte und natürlich - eine Landschaft wie diese."
Ingrid erzählte weiter von ihrem Mann und ihren drei erwachsenen Söhnen, aber ich hörte ihr kaum zu. Vor

meinen Augen begann es zu flimmern, und dann spürte ich, wie mir heiß wurde. Die Hitze kroch in meinem Körper nach oben bis in den Kopf. Ich hatte das Gefühl zu glühen, und dann wurde mir übel. Schweißgebadet zwängte ich mich an den einheimischen Fahrgästen vorbei. Ich stieg über Taschen und über Menschen, die auf dem Boden hockten und erreichte schließlich die Toilettentür. Als ich sie öffnete wurde mir von dem Anblick und dem Gestank noch übler. Ich setzte mich auf den Boden, schloss die Augen und versuchte ruhig durchzuatmen.
Da hörte ich Ingrids Stimme neben mir: „Was ist mit dir, Mädchen?“, fragte sie besorgt. „Kann ich etwas für dich tun?“
„Das Wasser in Colombo“, entgegnete ich mit matter Stimme. „Ich hätte das Brunnenwasser nicht trinken dürfen.“
Dann wurde mir schwarz vor Augen.

*

Es dämmerte bereits, als wir Kandy erreichten. Ingrid winkte ein Taxi heran.
„Ich muss weiter zur Ostküste“, sagte ich mit schwacher Stimme zu ihr.
„Das kommt überhaupt nicht in Frage“, widersprach Ingrid energisch. „Wir nehmen erst einmal ein Zimmer. So kannst du nicht weiterreisen.“
„Ich kann kein Hotelzimmer bezahlen“, erklärte ich. „Mein Geld ist gestohlen worden.“
„Mach dir über Geld jetzt keine Sorgen“, beruhigte meine Begleiterin mich. „Du bist krank. Du gehörst ins Bett.“

Sie hatte Recht. Mir war so schwindelig, dass ich Mühe hatte, mich auf den Beinen zu halten. Ohne weiteren Widerspruch stieg ich in das Taxi.
„Ein Hotel in der Nähe des Zahntempels."
Der Fahrer verstand Ingrid nicht. Sie zog einen Reiseführer aus ihrer Tasche und las: „Dalada Maligawa."
Und schon fuhr der Fahrer los.
„Ich hab viel über den berühmten Tempel in Kandy gelesen", erklärte Ingrid. „Dort soll der Eckzahn Buddhas als Reliquie aufbewahrt werden."
Der Fahrer stoppte vor einem Hotel von dem aus der prächtige, beleuchtete Tempel zu sehen war. An der Rezeption empfing uns ein Mann, der uns abschätzend musterte. Ingrids Sommerkleid sah ziemlich demoliert aus, und ich hatte seit meiner Abreise von der Ostküste keine Kleidung mehr wechseln können. Außerdem fand er es wohl merkwürdig, dass wir ohne Gepäck anreisten. Erst nachdem Ingrid ihren Pass vorlegte und das Zimmer im Voraus bezahlte, schob er den Schlüssel über die Theke. Mich fragte er nicht nach meinen Papieren.
„Einen schönen Aufenthalt, Ihnen und Ihrer Tochter", wünschte er uns.
Im Zimmer angekommen ließ ich mich erschöpft auf das Bett fallen. Mein Körper schmerzte. Ich war todmüde. Ingrid wollte noch die Stadt erkunden. Sie beauftragte den Hotelboy, nach mir zu sehen und mir Tee zu bringen. Kaum hatte sie das Zimmer verlassen, fiel ich in einen unruhigen Schlaf.
Plötzlich war ich wieder in Deutschland. Meine Freunde waren alle mit ihrer Arbeit beschäftigt. Ich wollte ihnen von Sri Lanka erzählen, aber sie konnten mich nicht verstehen. Sie taten so, als sei ich überhaupt nicht da.
Nur meine Mutter nahm mich für einen Moment wahr: „Du musst einen Beruf lernen", riet sie mir. „Du brauchst eine Aufgabe."

Also wurde ich Krankenschwester und arbeitete im Krankenhaus unserer Stadt. Aber die Patienten waren alle dunkelhäutig. Meine Aufgabe war es, ihre Wunden zu verbinden. Also verband ich die Geschwüre eines kleinen Mädchens. Ich verband die Wunden einer leprakranken Frau. Sie hatte keine Finger und Zehen mehr. Und ich versorgte die Stümpfe eines Jungen, dem bei einer Explosion beide Beine abgerissen worden waren. Da hörte ich, wie im Nebenzimmer eine alte Frau nach mir rief: „Mein Mann ist gestorben“, jammerte sie. „Niemand kümmert sich um mich. Jetzt muss ich sterben.“ Ich überlegte, an welcher Stelle ich den Verband anlegen sollte. Aber ich konnte ihr nicht helfen. Ich war keine gute Krankenschwester. Als ich an mir herunter blickte, bemerkte ich, dass auch meine Hände verbunden waren. Ich spürte die Finger nicht mehr und konnte die Hände nicht bewegen. Es war unerträglich heiß in dem Krankenhaus. Wahrscheinlich hatte jemand die Heizung zu weit aufgedreht.

„Madam“, hörte ich eine Stimme rufen. Ich irrte zwischen den unzähligen Kranken und Verletzten umher, die auf den Bahren lagen und hilfesuchend die Hände nach mir ausstreckten. Aber ich konnte den Patienten, der nach mir rief, nicht finden.

„Tee, Madam“, hörte ich die Stimme sagen.

Langsam spürte ich meine Finger wieder. Erleichtert bemerkte ich, dass ich die Hände bewegen konnte. Doch gleichzeitig kamen auch die Schmerzen zurück, die durch sämtliche Glieder krochen. Benommen öffnete ich die Augen. Die Kranken und Verletzten waren verschwunden. Neben meinem Bett stand der Hotelboy mit einer Tasse Tee in der Hand.

Ingrid kam erst gegen Abend wieder ins Hotel. Sie hatte sich in Kandy neu eingekleidet und sah völlig verändert aus. Anstatt dem pastellfarbenen Sommerkleid trug sie

nun eine weite Baumwollhose, die am Bund und an den Fußgelenken mit Kordeln zusammengehalten wurde. Diese Art der Kleidung wurde von den Näherinnen in Sri Lanka speziell für Touristinnen angefertigt. Niemals sah ich eine einheimische Frau eine derartige Hose tragen.
Da Ingrids Koffer in Colombo geblieben war, hatte sie sich einen Rucksack gekauft.
„Der Koffer wäre zum Reisen sowieso zu sperrig gewesen", bemerkte sie. „Jetzt bin ich eine echte Rucksacktouristin. Meine Söhne würden sich wundern."
Am nächsten Tag fühlte ich mich etwas besser und beschloss, meine Fahrt zur Ostküste fortzusetzen. Ingrid, die einen Ausflug zum Botanischen Garten von Kandy geplant hatte, begleitete mich zum Bahnhof.
„Du hättest dich noch ein paar Tage auskurieren sollen", meinte sie besorgt.
„Die paar Stunden Fahrt werde ich schon überstehen", entgegnete ich optimistisch. Aber schon als der Zug losfuhr, merkte ich, dass ich meinen Gesundheitszustand offensichtlich überschätzt hatte. Ich bekam Schweißausbrüche, mir war schwindelig und übel. Zum Glück war im Zug ein Sitzplatz frei.
Die Fahrt führte durchs Bergland. Unermüdlich quälte sich die Dampflok die Berge hinauf. Über die sanft geschwungenen Hügelketten erstreckten sich Teeplantagen, soweit das Auge reichte. Teefabriken ragten aus dem saftigen Grün, und vereinzelt sah ich Hindu-Tempel inmitten der Plantagen stehen. Wie Farbkleckse wirkte die bunte Kleidung der Pflückerinnen, die weit verstreut zwischen den Teesträuchern arbeiteten. Sie trugen große Körbe auf dem Rücken, die mit einem Band über der Stirn gehalten wurden.
Je weiter der Zug die Berge hinauf keuchte, desto nebelverhangener wurde die Landschaft. Holzbrücken führten über tiefe Schluchten, Wasserfälle stürzten von Felsen.

Es war kühl. Das Fenster ließ sich nicht schließen. Die Fahrgäste packten Jacken und Decken aus, und ich fror erbärmlich. Schließlich erreichten wir den Bahnhof von Nuwara Eliya. Ich hatte von der „Stadt über den Wolken" gehört. Hier befanden wir uns auf fast zweitausend Metern Höhe. Die Einheimischen, die hier zustiegen, trugen dicke Wollmützen und hatten sich Decken um die Schultern gelegt. Manche waren in alte Lodenmäntel oder Jacketts gehüllt, was etwas merkwürdig zu den Sarongs und Sandalen aussah.
Der Zug war schon wieder völlig überfüllt. Ich saß auf der Holzbank an die Wand gedrängt und konnte mich kaum bewegen. Die Frau neben mir packte ihr Mittagessen aus. Mir war übel. Vielleicht hätte ich doch noch einen Tag länger in Kandy bleiben sollen. Aber jetzt gab es kein Zurück mehr. Ich musste durchhalten und irgendwie die Ostküste erreichen.
In Haputale endete die Zugverbindung. Von hier aus ging es nur mit dem Bus weiter zur Ostküste. Und dieses Mal bot sich ein freundlicher Einheimischer an, mir den Weg zum Bus zu zeigen.
„Du musst dich beeilen", forderte der Mann mich auf. „Der Bus fährt gleich ab." Er lief neben mir her zur Haltestelle, zeigte mir den richtigen Bus und half mir beim Einsteigen. Eine Frau nahm ihr Kind auf den Schoß und ließ mich am Fenster Platz nehmen. Ich lehnte den Kopf gegen die kühle Scheibe. Die Busfahrt würde noch einige Stunden dauern. Meinen provisorischen Pass hatte ich sicher verstaut. Also konnte ich beruhigt schlafen, denn ich hatte nichts bei mir, was man mir hätte stehlen können.
Als wir uns der Ostküste näherten, goss es in Strömen. Die Wassermassen hatten die Straße teilweise überschwemmt. Immer wieder sanken die Räder des Busses tief im Morast ein. Der Regen peitschte gegen die Fens-

ter, dass man draußen kaum etwas erkennen konnte. Es war bereits Abend, als wir die Ostküste erreichten. Die Stadt wirkte wie ausgestorben. Die Straßen waren menschenleer, nicht einmal ein Hund war zu sehen. Erst als wir uns der Haltestelle näherten, sah ich zwei Gestalten an einer Hauswand lehnen, die unter einem Dachvorsprung vor dem Regen Schutz gesucht hatten. Als der Bus zum Stehen kam, verließen die beiden ihren Unterschlupf und kamen auf uns zu. Erst jetzt erkannte ich, dass die Männer Uniformen trugen und Gewehre geschultert hatten. Jeder Fahrgast, der aus dem Bus stieg, wurde von den Soldaten kontrolliert. Das Gepäck wurde durchsucht. Ein großer Korb mit Früchten wurde einfach auf der Straße ausgekippt. Ich stand noch im Bus und wartete, bis ich an der Reihe war. Fieber und Krämpfe schüttelten meinen Körper. Hoffentlich würden sie mir wegen meines provisorischen Passes keine Schwierigkeiten machen. Wahrscheinlich hatten die Soldaten solch ein Formular noch nie gesehen. Mir war schwindelig. Im Bus war es unerträglich schwül. Als ich den Ausgang erreicht hatte, musterte mich ein Soldat einen Moment lang prüfend. Dann gab er mir mit einer Handbewegung zu verstehen, dass ich passieren konnte. Und das tat ich auch sofort.

Ich ging durch den strömenden Regen zur Brücke. Dann den Weg entlang zum Dorf. Es war inzwischen dunkel geworden. Nirgends war Licht zu sehen. Die sintflutartigen Regenfälle schienen Sinna Ullai verschlungen zu haben. Nur das Aufklatschen des Regens war zu hören und das Toben der Brandung. Es konnte nicht mehr weit bis zum Platz der Brüder sein. Ich ging am Rand der Straße entlang, um den Eingang nicht zu verpassen. Nur endlich ankommen. Ins Trockene kommen. Mich hinlegen und schlafen. Lange schlafen.

# V

Suriya und Ravi bemerkten sofort, dass es mir nicht gut ging. Eilig liefen sie mir entgegen, als ich das Restaurant betrat. Jetzt, da ich wusste, dass ich in Sicherheit war, verließen mich die Kräfte. Es wurde mir schwarz vor Augen, und die Brüder stützten mich. Mit vereinten Kräften brachten mich Suriya und Ravi in die Honeymoon-Suite, die Cabana, die auf Pfosten gebaut war, und legten mich dort auf eine Matratze.

Meine Arme und Beine waren schwer wie Blei. Suriya flößte mir eine bitter schmeckende Flüssigkeit ein, und kurz darauf viel ich in einen tiefen Schlaf. Als ich wieder erwachte, kniete Suriya neben meinem Bett mit einer Tasse Tee in der Hand.

„Du musst trinken“, forderte er mich auf. „Du hast zwei Tage lang geschlafen.“

Suriya half mir, mich ein wenig aufzurichten und flößte mir Tee ein. Mein Körper schmerzte entsetzlich.

„Morgen kommt der Doktor ins Dorf“, hörte ich Suriya noch sagen, bevor ich wieder einschlief.

Als ich das nächste Mal die Augen öffnete, beugte sich ein dicker einheimischer Mann über mein Lager. Wie durch einen Schleier konnte ich sein dunkles, rundes Gesicht sehen und das schneeweiße Hemd, das er trug. Der Doktor sprach leise mit Suriya und verabreichte mir dann ein braunes Pulver, das in ein Papierbriefchen eingewickelt war.

Schon wenig später hatte ich das Gefühl, als würde mich Nebel einhüllen. Mein Körper wurde so leicht, als würde er schweben. Die Schmerzen verflogen, und ein angenehmes Gefühl der Gleichgültigkeit ließ mich völlig entspannen. Ich glitt in einen Zustand zwischen Träumen und Wachsein. Mal öffnete ich die Augen, und es war

hell. Suriya legte mir ein kühles Tuch auf die Stirn. Dann wieder erwachte ich, und es war dunkel. An der Decke flackerte eine Öllampe. Suriya schlief auf einer Bastmatte am Eingang der Cabana. Meistens, wenn ich zu mir kam, hörte ich den Regen auf das Blätterdach prasseln, und immer war Suriya da.
Nach und nach ging das Fieber zurück, und ich konnte für längere Zeit wach sein. Ich fühlte mich sehr wohl in der Honeymoon-Suite. Der fünfeckige Raum war groß und luftig. Bunte Tücher schmückten den unteren Bereich der Wände. Das Dach war dicht, und der auf Pfosten gebaute Holzboden trocken. Suriya hatte mein Gepäck aus meiner ehemaligen Cabana geholt. Ich konnte auch nachdem es mir besser ging in der Honeymoon-Suite bleiben.
In der Zwischenzeit waren neue Gäste angekommen, die in die Cabana, in der ich vorher gewohnt hatte, eingezogen waren.
„Ich kenne Tom schon seit Jahren", erzählte Suriya. „Früher, als er noch Student war, kam er einmal im Jahr hier her und ist immer ein paar Wochen lang geblieben. Inzwischen hat er einen guten Job in Deutschland. Seitdem verbringt er seinen Urlaub lieber in einem Hotel an der Westküste. Aber er besucht uns immer noch für ein paar Tage, wenn er nach Sri Lanka kommt."
Als ich mich besser fühlte und wieder mit den anderen im Restaurant essen konnte, lernte ich Tom und seine Freundin Moni kennen. Der Deutsche war nicht gerade ein angenehmer Mitbewohner auf dem Platz. Tom war aggressiv und eigentlich immer schlecht gelaunt. Seine Freundin Moni ließ sich von ihm jedoch die Stimmung nicht verderben. Sie verbrachte die meiste Zeit des Tages mit Ronaldo, mit dem sie sich gut verstand. Wahrscheinlich war genau das der Grund für Toms Gereiztheit.

Seitdem Moni auf dem Platz wohnte, verbrachte der Italiener nicht mehr viel Zeit mit seinem Hausbau. Er war ständig in ihrer Nähe. Die beiden gingen zusammen schwimmen, oder machten ausgedehnte Strandspaziergänge. Tom sah sich das eine Zeit lang murrend an. Als Moni jedoch einen ganzen Tag mit Ronaldo verschwunden war und erst am späten Nachmittag zerzaust wieder auftauchte, war für Tom das Maß voll. Die beiden hatten eine lautstarke Auseinandersetzung.

„Wir reisen noch heute ab", hörte ich Tom mit energischem Tonfall sagen. „Wir fahren zurück zur Westküste."

„Mir gefällt es hier aber sehr gut", entgegnete Moni. „Ich hab nicht vor, so schnell abzureisen."

„Du kommst mit! Ich lass dich doch hier nicht allein zurück."

„Keine Sorge, ich bin nicht allein", antwortete Moni schnippisch. „Wenn du abreisen willst, dann fahr doch."

„Das kannst du haben." Tom drehte sich um und lief zu seiner Cabana, um zu packen. Doch schon wenige Minuten später kam er zurück.

„Verdammt noch mal, mein Geld ist weg!", tobte er. „Jemand hat meinen Brustbeutel gestohlen."

Tom ging drohend ein paar Schritte auf Moni zu.

„Du Miststück!", brüllte er. „Erst pennst du mit diesem Aussteiger, und dann wollt ihr euch auch noch mein Geld unter den Nagel reißen. Ist ihm vielleicht die Kohle für seinen Hausbau ausgegangen?"

Bevor Tom handgreiflich werden konnte, waren Pathma und Suriya zur Stelle. Der dicke Koch baute sich zwischen Tom und Moni auf, und Suriya sprach beruhigend auf den Wütenden ein. Schließlich ließ Tom sich dazu überreden, mit Suriya noch einmal die Cabana zu durchsuchen. Aber der Brustbeutel blieb verschwunden.

Inzwischen war auch Ronaldo auf den Platz gekommen. Er stimmte sofort zu, dass seine Cabana, und auch sein Haus am Dorfrand, von Suriya und Pathma durchsucht werden könnten. Moni beteuerte, sie und Ronaldo hätten das Geld nicht genommen.

Als der Brustbeutel immer noch nicht gefunden werden konnte, begann Tom damit, jeden auf dem Platz zu beschuldigen. Er verdächtigte auch Carol und mich.

„Ihr zwei seit doch selbst beklaut worden. Jetzt wollt ihr euch das Geld wohl bei mir wieder holen“, stichelte er.

„Das ist ja absurd“, gab Carol zur Antwort.

Inzwischen war auch Micha dazu gekommen. Er versuchte Tom zu beruhigen, aber der war inzwischen völlig in Rage.

„Von dir haben wir ja noch gar nicht gesprochen“, schrie Tom Micha an. „Wer traut schon einem Junkie. Du bist doch zu allem fähig.“

„Was redest du denn da“, mischte sich jetzt Ravi ein. „Micha spritzt kein Heroin.“

„Ich kenne ihn lang genug“, meinte Tom verächtlich. „Meinst du, nur weil er das Zeug nicht spritzt, sondern raucht, ist er kein Junkie? Tatsache ist doch, der Stoff kostet eine Menge Geld. Woher nimmt Micha denn die ganze Kohle. Der hängt doch schon seit Jahren in Asien rum.“

Ich hatte nicht gewusst, dass Micha Heroin rauchte, nur manchmal war mir aufgefallen, dass er plötzlich sehr nervös wurde und dann für ein paar Tage weg fuhr. Wenn er zurückkam, verhielt er sich wieder wie immer, liebenswürdig und freundlich.

„Halt dich da raus, Ravi“, tobte Tom weiter. „Vielleicht habt ja auch ihr das Geld genommen. Schließlich hat der Monsun begonnen. Bald werden die Gäste wegbleiben, und dann wird für euch die Kohle knapp.“

Die Aufregung sprach sich schnell im Dorf herum, und es dauerte nicht lange, bis die Soldaten, die in der Stadt stationiert waren, auf dem Platz standen. Die Uniformierten durchsuchten jede Cabana, das Restaurant und den Platz, aber der Beutel war nirgends aufzufinden. Die Feindseligkeit, mit der die Soldaten den tamilischen Brüdern entgegentraten, war nicht zu übersehen. Schließlich nahmen sie Suriya und Pathma in die Stadt zur Polizeistation mit.
Tom reiste noch am selben Tag ab, und Moni zog zu Ronaldo in das Haus am Dorfrand, das inzwischen fast fertiggestellt war. Micha lief hektisch im Restaurant auf und ab, packte dann ein paar Sachen ein und nahm den nächsten Bus. Er hatte seinen Vorrat an Drogen verschwinden lassen, kurz bevor die Soldaten den Platz durchsuchten. Was mit Toms Geld passiert war, blieb ungeklärt.
Ravi hatte inzwischen Mahinda, einen singhalesischen Freund, informiert. Vielleicht wusste er Rat, was zu tun sei. Mit dem Singhalesen waren die Brüder schon lange befreundet. Er war einer der wenigen Dorfbewohner, die sich von den tamilischen Brüdern nicht abgewandt hatte, seit es politische Unruhen auf der Insel gab. Ravi und Mahinda beratschlagten in der Küche. Die beiden sprachen Englisch miteinander.
„Sie haben keinen Grund meine Brüder festzuhalten“, hörte ich Ravi sagen. „Suriya und Pathma haben nichts getan.“
„Das weiß ich“, stimmte Mahinda zu. „Aber die Leute suchen irgendetwas, das sie euch anhängen können. Denen kommt der Diebstahl doch sehr gelegen.“
„Mahinda, was ist aus dem Dorf geworden? Wir haben hier doch immer friedlich zusammen gelebt, Singhalesen, Tamilen und Moslems. Warum sollen wir plötzlich Feinde sein?“

„Ich weiß es nicht, mein Freund. Aber ich kann dir sagen, die Stimmung im Dorf ist gegen euch. Es heißt, dass bald noch mehr Soldaten kommen. Und die Leute sagen, dass die Soldaten kommen, weil hier Tamilen leben. Wenn das Gebiet von der Armee besetzt ist, werden keine Touristen mehr nach Sinna Ullai kommen. Die Dorfbewohner wollen, dass alle Tamilen hier verschwinden. Viele Familien sind bereits abgereist. Ihr solltet auch für eine Weile von hier weggehen. Geht zu eurer Familie in den Norden, bevor es zu spät ist. Es wird gefährlich für euch im Dorf."

Am Abend kam Pathma aus der Stadt zurück, aber Suriya wurde noch auf der Polizeistation festgehalten.

„Suriya wird immer noch verhört," berichtete Pathma. „Sie wollen, dass er den Diebstahl gesteht. Dabei wissen sie ganz genau, dass sie ihm Unrecht tun."

An diesem Abend herrschte eine niedergeschlagene Stimmung. Wir warteten darauf, dass Suriya zurück kommen würde, aber er musste die Nacht auf der Polizeistation verbringen. Erst am nächsten Morgen betrat er den Platz, übernächtigt und deprimiert. Ich konnte nicht verstehen, was er auf Tamilisch mit seinen Brüdern besprach. Aber in ihren Gesichtern las ich Verzweiflung und Wut.

Carol und ich waren jetzt die einzigen Gäste auf dem Platz. Die Engländerin wartete immer noch auf ihre Geldüberweisung, und ich wartete auf die Nachricht, dass mein Pass auf der Botschaft in Colombo eingetroffen sei.

In Sinna Ullai war es ruhig geworden. Die Traveller waren abgereist. Wenn an der Ostküste der Monsun begann, pilgerten die Touristen an die Westküste. Dort war jetzt Trockenzeit.

Es regnete nun fast jeden Tag. Meist begann der Morgen mit strahlendem Sonnenschein, doch gegen Mittag zogen dunkle Wolken auf, und es begann wie aus Kübeln zu schütten. Riesige Tropfen klatschten auf den Platz und verwandelten ihn innerhalb weniger Minuten in eine große, schlammige Pfütze. Das Meer war wild und aufgewühlt. Die Wellen hatten den Strand überflutet und schwemmten Seetang und Treibholz an.

Ich hatte mich mit Carol ein wenig angefreundet, und abends kamen manchmal Moni und Ronaldo ins Restaurant zum Essen. Die meiste Zeit aber verbrachte ich mit Suriya. Es wurde nie langweilig mit ihm. Eigentlich wollte ich gar nicht abreisen.

Eines Tages kam Carol freudestrahlend aus der Stadt zurück. Sie hatte die lang ersehnte Nachricht erhalten. Ihr Geld war auf eine Bank in Colombo überwiesen worden. Gleich am nächsten Tag wollte sie aufbrechen.

Carol versprach, in drei Tagen wieder aus der Hauptstadt zurück zu sein. Nach ihrer Rückkehr wollte sie bei den Brüdern ihre Rechnung bezahlen. Sie hatten das Geld dringend nötig. Ihr Flugticket deponierte Carol in einem Baumwollbeutel im Safe. Gepäck hatte sie ja nicht viel. Nur eine kleine Tasche mit einem T-Shirt zum Wechseln, das ihr Moni gegeben hatte. Sie freute sich schon darauf, sich in Colombo endlich neu einkleiden zu können, sobald sie ihre Überweisung erhalten hatte. Ich lieh ihr noch etwas Geld und sie versprach mir, sich in Colombo auf der Botschaft nach meinem Pass zu erkundigen.

Carol kam nach drei Tagen nicht zurück, und ich stellte fest, dass Bargeld aus meiner Tasche fehlte. Wie ich erfuhr, hatte sie sich nicht nur bei mir, sondern auch bei Moni und Ronaldo Geld geliehen.

Als sie nach einer Woche noch nicht zurück war, öffneten wir den Beutel, den sie im Safe deponiert hatte. Er war gefüllt mit Zeitungspapier. Da wussten wir, dass Carol nie vorgehabt hatte, die Rechnung für den wochenlangen Aufenthalt und die Verpflegung bei den Brüdern zu bezahlen. Und wir vermuteten, dass sie auch Toms

Brusttasche gestohlen hatte. Carol würden wir wohl nicht wiedersehen.

*

Suriya verließ den Platz seit den Problemen mit den Soldaten nur noch selten. Mahinda, der Singhalese, erledigte die Einkäufe im Dorf und in der Stadt. Aber auch er bekam bald Ablehnung und Feindseligkeit zu spüren. Man grenzte ihn im Dorf aus, gab ihm keine Informationen mehr, und es wurde ihm geraten, sich von den Tamilen fernzuhalten.
Die Brüder verfolgten die politische Entwicklung aufmerksam an ihrem Radio. Die Bombenanschläge auf tamilische Geschäfte in Colombo mehrten sich. Die Tamilen wurden immer mehr in den Norden gedrängt, und die Gebiete im Osten, in denen Singhalesen und Tamilen lebten, wurden von der Armee besetzt.
Der Restaurantbetrieb auf dem Platz war inzwischen eingestellt. Ich war die einzige Touristin und aß mit den Brüdern und Mahinda in der Küche. Lebensmittel, die sonst für die Gäste eingekauft worden waren, gab es nicht mehr. Aber inzwischen hatte ich mich längst an die einheimische Kost gewöhnt. Die Brüder mussten mit ihrem Geld haushalten. Es musste zum Leben reichen, bis die Regenzeit zu Ende war und wieder Gäste kommen würden.
Ich verbrachte viel Zeit mit Suriya. An den verregneten Nachmittagen erzählte er mir von seinem Land, von den Bräuchen, von der Lehre des Hinduismus, von der Geschichte Sri Lankas und von Legenden. Niemals versuchte er, mir seine Sichtweise oder seinen Glauben aufzudrängen. Er hatte vollstes Verständnis dafür, dass ich die Dinge mit anderen, mit europäischen Augen sah. Nur

manchmal amüsierte er sich über meine Skepsis Dingen gegenüber, die für ihn selbstverständlich waren.
Suriya hörte seinerseits interessiert zu, wenn ich vom Leben in Deutschland erzählte, und manchmal musste ich über seine Unwissenheit schmunzeln. Es kam mir vor, als würde ich einem Kind ein fremdes Universum beschreiben.
An einem sonnigen Morgen, ich kam gerade vom Brunnen, sah ich Suriya aus dem kleinen Tempel kommen, den er im hinteren Teil des Platzes gebaut hatte. Er ging oft dorthin, aber ich hatte den Tempel noch nie betreten.
„Heute ist ein besonderer Tag", begrüßte Suriya mich. „Es wird etwas Außergewöhnliches geschehen. Etwas ist auf dem Weg hierher."
„Hast du eine Nachricht bekommen?"
„Keine Nachricht, wie du sie dir vorstellst. Aber ich weiß, dass irgend jemand oder irgend etwas heute zu uns kommen wird. Es wird eine Veränderung geben."
„Wie kommst du darauf?", bohrte ich weiter.
„Die schwarzen Vögel haben es mir erzählt."
Ich sah ihn prüfend an. Manchmal wusste ich nicht, ob er ernst meinte, was er zu mir sagte, oder ob er mich auf den Arm nehmen wollte. Aber ich konnte kein Schmunzeln in seinem Gesicht erkennen.
„Ich muss es Pathma sagen", meinte Suriya mit ernster Miene, ließ mich ohne weitere Erklärung stehen und ging in Richtung Küche, wo sein Bruder gerade das Frühstück zubereitete.
Ich folgte Suriya. Die Brüder sprachen Tamilisch, aber an den Gesichtern konnte ich erkennen, dass Pathma und Ravi die Worte ihres älteren Bruders sehr ernst nahmen.
Suriya ging zu seiner Cabana, wickelte sich seinen besten weißen Lungi um und zog sich wieder in den Tempel zurück. Pathma und Ravi hielten sich im Restaurant auf und warteten. Sie schienen keinen Moment an Suriyas

Vorahnung zu zweifeln. Und, obwohl ich mir kaum vorstellen konnte, dass schwarze Vögel ihm wirklich etwas erzählt hatten, wartete ich auch.
Jedes Mal, wenn jemand auf der Straße am Eingang des Platzes vorbei ging, sprang Ravi auf. Aber nichts geschah. Gegen Mittag begann es zu regnen, und wir saßen immer noch im Restaurant und warteten.
Plötzlich bog ein Fahrrad Fahrer in den Eingang ein. Der triefend nasse Postbote aus der Stadt übergab Pathma einen Brief, der an Suriya adressiert war. Pathma nahm ihn entgegen, wie ein wertvolles Geschenk. Er brachte ihn sofort ins Restaurant, um ihn vor dem Regen zu schützen. Ravi lief zum Tempel, um seinen Bruder zu holen.
Suriya hatte Stirn und Brust mit Asche bemalt. Die Zeichen waren vom Regen verwischt, als er im Restaurant ankam. Er nahm den Umschlag entgegen. Ich konnte den Absender erkennen. Der Brief war in New York abgeschickt worden. Suriya drehte und wendeten ihn und betrachtete den Brief fast andächtig von beiden Seiten.
„Willst du ihn nicht öffnen?“, fragte ich.
Suriya lächelte über meine Ungeduld: „Der Brief war eine lange Zeit unterwegs, um hier anzukommen. Auf ein paar Minuten kommt es jetzt nicht an.“ Dann ging er zurück zum Tempel, um die Zeilen dort zu lesen.
Pathma wartete ruhig und geduldig. Ravi lief aufgeregt im Restaurant auf und ab, und ich platzte fast vor Neugier.
Endlich kam Suriya zurück und erzählte seinen Brüdern, was in dem Brief stand. Natürlich sprachen sie Tamilisch, aber aus ihren Gesichtern konnte ich lesen, dass es sich um eine gute Nachricht handelte. Und endlich erzählte Suriya auch mir, was es mit dem Brief auf sich hatte.
„Vor einiger Zeit“, begann er, „hatten wir eine Gruppe amerikanischer Studenten zu Gast. Sie stellten im Dorf

Fragen, und sie stellten mir viele Fragen und schrieben alles auf. In Amerika gibt es Menschen, die unser Leben studieren, kannst du dir das vorstellen? Jedenfalls fühlten sich die Studenten hier sehr wohl, sie blieben einige Wochen, und wir wurden Freunde. Seit sie abgereist sind, habe ich nichts mehr von ihnen gehört. Jetzt schreiben sie in diesem Brief, dass sie von den Unruhen in Sri Lanka gehört haben, und sie machen sich Sorgen um mich. Sie haben an ihrer Universität Geld gesammelt und wollen, dass ich zu ihnen nach New York komme, bis der Bürgerkrieg vorbei ist. Einer der Jungs hat einen einflussreichen Vater, der alles arrangieren könnte."

Suriya schwieg einen Moment. „Es ist ein verlockendes Angebot, und es ist schön, dass die Studenten mich nicht vergessen haben. Aber ich kann meine Brüder jetzt nicht allein lassen."

Pathma und Ravi protestierten heftig.

„Sie werden Pathma und mir nichts tun", sagte Ravi an mich gewandt. „Die Leute im Dorf haben es auf Suriya abgesehen. Er ist ihnen unheimlich. Sie können ihn nicht einschätzen, und sie wollen, dass er verschwindet. Bestimmt werden sie ihm irgend etwas anhängen, um ihn loszuwerden. Die Verhaftung wegen Toms gestohlenem Geld war nur eine Warnung. Ich habe Angst um meinen Bruder. Sprich du mit ihm, vielleicht hört er auf dich."

„Niemand kann mir die Entscheidung abnehmen", meinte Suriya. „Ich muss nachdenken. Morgen früh werde ich zum Krokodilfelsen gehen. Es ist ein magischer Ort. Dort werde ich die richtige Entscheidung finden."

Dann sagte Suriya an mich gewandt: „Ich würde mich freuen, wenn du mich begleiten würdest."

„Zum Krokodilfelsen?", wunderte ich mich über den merkwürdigen Namen. „Hat der Felsen die Form eines Krokodils?"

„Nein", entgegnete Suriya. „Er gehört den Krokodilen."

*

Es war noch dunkel, als wir aufbrachen. Suriya hielt es für besser, wenn wir von den Dorfbewohnern nicht gesehen wurden. Außerdem war es möglich, dass Soldaten am Strand patrouillierten.
„Der Krokodilfelsen ist ein sehr abgelegener Ort", sagte er. „Ich möchte nicht, dass uns jemand dorthin folgt."
Der Mond tauchte das Meer in ein gleißendes Licht, und wir schlichen uns im Schutz der Palmen am Rande des Strandes entlang. Nur ein paar Hunde verfolgten uns, doch ein einziges leises, aber bestimmtes Wort von Suriya genügte, und sie zogen sich sofort zurück.
Trotzdem die Hunde nicht mehr zu sehen waren, wurde ich das Gefühl nicht los, dass uns jemand folgte. Als ich mich umsah, glaubte ich in einiger Entfernung schemenhaft eine dunkle Gestalt zu erkennen. Auch Suriya hatte sich umgedreht, aber er ging schweigend, mit zügigen Schritten weiter.
„Jemand verfolgt uns", stellte ich fest.
„Das ist in Ordnung. Er ist ein Freund."
Wir passierten einen kleinen Teeshop am Ende der Bucht, in dem die australischen Surfer ihre Bretter deponierten. Hier war alles ruhig. Der einheimische Junge, der für die Bewachung der Surfbords zuständig war, schlief tief und fest.
Erst als wir die Biegung des Strandes hinter uns gelassen hatten und vom Dorf aus nicht mehr gesehen werden konnten, verließen wir den Schutz der Palmen und gingen im Mondlicht am Meer entlang. Die Brandung tobte. Nichts war zu hören, als das bedrohlich klingende Tosen der Wellen. Und es war nichts zu sehen, als ein paar Meter des Strandes vor uns und die schwarze Grenze, an der der Dschungel begann.

Ich war erleichtert, als endlich der Morgen dämmerte. Wieder drehte ich mich um, und jetzt konnte ich deutlich sehen, dass uns ein Mann in einiger Distanz folgte. Langsam schlenderte er über den Strand und schwang dabei einen Stock in seiner Hand. Als würden wir ihn nicht interessieren, setzte er sich nieder und malte Zeichen in den Sand. Doch wenige Minuten später sprang er plötzlich wieder auf und rannte uns hinterher.
„Swami!“, rief Suriya ihm zu, doch das Tosen der Brandung verschluckte seine Worte. Jetzt erkannte ich auch den seltsamen alten Mann, mit dem ich am Stand schon Bekanntschaft gemacht hatte. Tänzelnd näherte er sich uns, wobei er lauthals gegen das Getose der Wellen ansang. Suriya wechselte ein paar tamilische Worte mit ihm. Der verrückte Alte kam auf mich zu, verbeugte sich tief und legte die gefalteten Hände an seine Stirn.
„Es tut ihm leid, wenn er dich erschreckt hat“, erklärte Suriya die Geste. Swami setzte sich in den Sand und sah mit verklärtem Blick über das Meer. Am Horizont ging die Sonne auf und tauchte die Wellen in ein orangefarbenes Licht.
Auch ich war fasziniert von dem Naturschauspiel, doch Suriya drängte zum Weitergehen. Swami blieb noch eine Weile im Sand sitzen und begrüßte den farbenprächtigen Tagesanbruch. Dann folgte er uns wieder in einem gewissen Abstand.
Bei Tageslicht wirkte die Landschaft ganz und gar nicht mehr bedrohlich. Vor uns lag ein kilometerlanger, breiter Sandstrand. Hier gab es keine Menschen, keine Hütten, nur dichten Dschungel, der sich bis an den Strand erstreckte. Die Vögel begannen ein wahrhaft lärmendes Konzert. Eine Horde Affen kreischte und schwang sich die Äste entlang. Die Sonne wärmte angenehm und ließ die Wellen glitzern.

Doch um so höher die Sonne stieg, desto gnadenloser brannte sie vom Himmel. Suriya schien die Hitze nichts auszumachen. Zügig stapfte er durch den tiefen Sand. Langsam merkte ich, wie meine Haut zu brennen begann. Der Strand vor meinen Augen schien zu flimmern.
„Ich brauche eine Pause", sagte ich schließlich zu Suriya. Meine Füße waren schwer wie Blei.
Suriya holte ein Tuch aus seiner Tasche, tauchte es in das Meerwasser, legte es mir um den Kopf und band daraus einen Turban. Einen zweiten Lungi legte er mir um die Schultern.
„Wir müssen weiter", drängte er. „Die Mittagshitze wird deine Haut verbrennen. Dann wirst du aussehen wie ein Hummer."
„Wie ein Hummer?" Ich betrachtete meine Arme, die schon leicht gerötet waren.
„Hummer nennen die Leute im Dorf die Touristen, die sich zu lange gebraten haben", erklärte Suriya grinsend. Seiner dunklen Haut konnte die Sonne nichts anhaben.
Swami war verschwunden. Ich glaubte, er habe es aufgegeben, uns zu folgen. Doch plötzlich tauchte er aus dem Dschungel wieder auf. In seinen Händen hielt er zwei Kokosnüsse, in die er mit einem spitzen Stein ein Loch schlug.
Mit einer theatralischen Verbeugung reichte er uns die Nüsse, und wir tranken den lauwarmen Saft. Das Flimmern vor meinen Augen war sofort verschwunden, und gestärkt konnte ich unseren Fußmarsch fortsetzen.
Endlich, es war bereits um die Mittagszeit, konnten wir in der Ferne den Krokodilfelsen erkennen - ein gewaltiges schwarzes Gestein, das aus dem Sand gewachsen zu sein schien. Vom Dschungelrand bis zum Meer versperrte er den Weg, und an seinem Fuß glitzerte ein See mit üppig grün bewachsenen Ufern. Nur ein schmaler Sand-

streifen trennte das ruhige, klare Seewasser von der Meeresbrandung.
Ein Bad im Süßwassersee, genau das Richtige um mich zu erfrischen. Doch als ich auf das Gewässer zulaufen wollte, hielt mich Suriya zurück.
„Geh nicht zu nah heran“, warnte er mich. „Im See wohnen die Krokodile.“
Erschrocken blieb ich stehen. Swami jedoch schien keine Angst zu haben. Ein Lied trällernd, schlenderte er zum Ufer und füllte leere Kokosnussschalen mit Wasser. Sofort tauchten die flachen Schnauzen der Krokodile im glitzernden Wasser auf. Sie bewegten sich auf die Stelle zu, an der Swami in aller Ruhe das Wasser aus dem See schöpfte. Erst als die Reptilien ihn schon fast erreicht hatten, sprang der Alte behände auf den Felsen und kletterte nach oben, eine Schale mit Wasser in der Hand balancierend. Der Aufstieg auf den steilen, glatten Felsen war nur an der Stelle möglich, an der der Sandstreifen den See vom Meer trennte. Wir warteten, bis sich die Krokodile wieder verzogen hatten und folgten Swami. Unterhalb des Gipfels befand sich eine Höhle, in der wir uns niederließen. Hier war es angenehm kühl und schattig. Ein leichter Wind wehte vom Meer her, und wir genossen den grandiosen Ausblick. Von hier aus konnte man weit über der Strand sehen, über das Meer und über die Baumwipfel des Dschungels. Nur die Krokodile, die sich unten im See langsam wieder in den Schatten der Vegetation zurückzogen, trübten für meine Begriffe die Idylle. Ihre Nähe beunruhigte mich.
„Krokodile klettern nicht auf Felsen“, lachte Suriya, der meinen besorgten Blick bemerkt hatte.
Als sich die Reptilien verzogen hatten, stieg Swami wieder hinunter und füllte erneut Wasser in eine Nuss-Schale. Er brauchte sich nicht zu beeilen. Anscheinend wusste er genau, wie lange die Krokodile brauchten, um

vom schattigen Dschungelrand zu der Stelle am Fuß des Felsens zu gelangen. Wieder legten sie die Strecke vergeblich zurück.

Suriya hatte Tee mitgebracht, ein alter Topf befand sich in einer Felsspalte. Nachdem Swami uns mit Wasser versorgt hatte, verschwand er im Dschungel, um Holz zu sammeln.

Der Tee, den Suriya wenig später auf der Feuerstelle zubereitete, schmeckte zwar etwas salzig, aber schon nach ein paar Schlucken kehrten die Lebensgeister zurück, und dic Strapazen des langen Fußmarsches waren vergessen.

Wir saßen auf einem Felsvorsprung und beobachten Swami, der sich am Fuß des Felsens einen Spaß daraus machte, die Krokodile zu necken.

„Warst du schon einmal in Amerika?“, fragte Suriya.

„Nein“, antwortete ich, „über Europa bin ich nie hinaus gekommen.“

„Erzähl mir alles, was du über New York weißt“, bat er mich.

Ich begann zu erzählen, was ich über New York aus der Schule, aus Büchern, Zeitungen und dem Fernsehen wusste.

„Fernsehen“, wiederholte Suriya nachdenklich. „Ich hab einmal einen Fernseher bei einem Freund in Colombo gesehen.“

Suriya interessierte sich für alles, staunte über die Beschreibung der Highways und Wolkenkratzer, ließ sich technische Dinge erklären, dabei wusste er nicht einmal genau, wie eine Toilettenspülung funktioniert. Er fragte nach den Menschen, nach den Landschaften und dem Klima. Besonders interessierte ihn der Winter.

„Auf einer Postkarte aus der Schweiz habe ich einmal Schnee gesehen“, erzählte er. „Es war beeindruckend.

Die Welt sah völlig verändert aus. So friedlich. Ich würde zu gerne wissen, wie Schnee sich anfühlt."
„Kalt", antwortete ich und versuchte mir Suriya vorzustellen, wie er in warme Winterkleidung gehüllt durch den matschigen Schnee auf New Yorks Straßen ging.
Am Nachmittag kehrte Swami zurück. Er brachte ein paar Blätter und Früchte mit, die er im Dschungel gesammelt hatte. Suriya hatte ein Säckchen Reis mitgebracht und bereitete über dem Feuer ein schmackhaftes Essen aus dem Reis und den grünen Blättern zu.
Nach dem Essen verabschiedete sich Swami. Er faltete die Hände vor dem Gesicht, neigte den Kopf und zwinkerte mir fröhlich zu, bevor er den Felsen hinabstieg. Noch einmal ging er zum Ufer des Sees, wusch sich in dem klaren Wasser, bis die Krokodile schon fast die Stelle erreicht hatten, an der er planschte. Dann lief der verrückte Alte singend am Strand entlang. Ich sah ihm nach, wie er sich immer weiter entfernte, und als ich einen Moment abgelenkt war, war er plötzlich wie vom Erdboden verschluckt.
Suriya und ich verbrachten die Nacht in der Höhle. In dieser Nacht achtete ich nicht auf die Tierlaute, die aus dem Dschungel drangen und nicht auf das wilde Tosen der Brandung. Ich vergaß selbst die Krokodile, die am Fuß des Felsens lautlos durch das Wasser des Sees glitten. In dieser Nacht auf dem Krokodilfelsen gab es nur Suriya und mich.
Als ich am nächsten Morgen erwachte, saß er auf dem Felsvorsprung vor der Höhle und war in tiefer Meditation versunken. Der Sturm hatte sich gelegt, das Meer hatte sich beruhigt, sanft rollten die Wellen an den Strand. Von unserem Nachtlager aus konnte ich ihn beobachten. Er hatte die Beine zum Lotussitz gekreuzt, die Hände ruhten entspannt auf den Knien. Seine Augen waren geschlossen, die schwarzen Locken wehten in der leichten Mee-

resbrise. Suriya schien zu spüren, dass ich ihn beobachtete. Er öffnete die Augen und sah mich lächeln an: „Der Tee ist fertig. Du hast lange geschlafen."
Am Strand tauchte Swami auf. Er hielt ein paar frische Früchte in den Händen.
„Ich habe meine Entscheidung getroffen", teilte mir Suriya beim Frühstück mit. „Ich werde das Angebot meiner amerikanischen Freunde annehmen und nach New York gehen, bis sich die Lage in Sri Lanka beruhigt hat. Dort werde ich versuchen, Geld zu verdienen. Meine Brüder sollen das Dorf ebenfalls verlassen. Sie müssen versuchen, sich in den Norden durchzuschlagen. In Mannar leben unsere Eltern und Schwestern. Dort wären Pathma und Ravi in Sicherheit. Wenn ich meiner Familie dorthin Geld schicke, kann ich ihnen wahrscheinlich am besten helfen. Mahinda werde ich bitten, solange auf den Platz aufzupassen, bis wir wieder zurückkommen können. Er ist Singhalese, ihm werden die Soldaten nichts tun. Viele Gäste werden nach dem Monsun wahrscheinlich nicht mehr kommen, wenn es hier von Soldaten wimmelt. Wer will schon an einem Ort Urlaub machen, an dem Bürgerkrieg herrscht."
Gegen Mittag zogen wieder dunkle Wolken auf, und dann prasselte der Regen nieder. Wir saßen in der Höhle hoch oben im Felsen, und die herabstürzenden Wassermassen verschlossen den Eingang, wie ein flüssiger Vorhang. Trotz des sintflutartigen Regens brachen wir am Nachmittag auf. Es war sinnlos, zu versuchen, sich gegen den Regen zu schützen. Innerhalb weniger Minuten waren wir nass bis auf die Haut. Das Meer war so aufgewühlt, dass das Getose der Wellen unsere Stimmen übertönte, und so gingen wir schweigend am Strand entlang durch den warmen Regen.
Swami war verschwunden. Erst als wir uns am Abend dem Dorf näherten, tauchte er wieder auf. Wir warteten

bis die Sonne untergegangen war. Dann bogen wir in die Bucht ein. In dem kleinen Teeshop brannte Licht. Swami ging auf die offene Hütte zu und begann, sich vor dem Eingang aufzuführen, als sei er total verrückt geworden. Natürlich kannte jeder den seltsamen Alten, und so war sein Verhalten weder für die Einheimischen, noch für die australischen Surfer verwunderlich. Sie amüsierten sich köstlich über Swamis Späße und luden ihn ein, etwas zu trinken und die Gesellschaft noch ein wenig zu unterhalten.

Suriya und ich schlichen im Schutz der Dunkelheit zurück ins Dorf. Niemand hatte unsere Abwesenheit bemerkt. Pathma und Ravi erwarteten unsere Ankunft und Suriyas Entscheidung schon ungeduldig.

*

Am nächsten Morgen beratschlagten die Brüder zusammen mit Mahinda, was zu tun war. Suriya brauchte einen Pass, und es war angesichts der politischen Situation nicht so einfach, Papiere für die Ausreise zu bekommen. Außerdem war es sehr gefährlich für ihn nach Colombo zu fahren. Mahinda hatte die neuesten Nachrichten im Radio gehört. In der Hauptstadt hatte es erneut Anschläge gegeben. Die Regierung hatte den Ausnahmezustand ausgerufen und eine nächtliche Ausgangssperre über das gesamte Land verhängt. Von Sonnenuntergang bis zum Morgen durfte sich niemand auf der Straße aufhalten.

„Der Doktor, der dich behandelt hat, als du krank warst, ist heute aus Colombo angekommen“, teilte Suriya mir mittags mit. „Er möchte, dass ich ihn heute Abend besuche, und er fragt, ob du uns Gesellschaft leisten willst.“

Eigentlich galt die Ausgangssperre natürlich auch bei uns im Dorf, aber der Doktor wohnte nur wenige Hütten wei-

ter, und die Dorfstraße wurde normalerweise nicht kontrolliert.
„Ich muss ihn unbedingt treffen“, fuhr Suriya fort. „Er ist der Einzige, der mir vielleicht helfen kann. Der Doktor ist ein sehr einflussreicher Mann, und er ist Singhalese. In Colombo leitet er eine Privatklinik. Hier im Dorf gehören ihm einige Cabana Plätze und Restaurants. Ab und zu kommt er hierher, um nach dem Rechten zu sehen und sich zu entspannen. Wir kennen uns schon sehr lange. Ich kann ihm vertrauen.“
Es war noch hell, als wir gegen Abend aufbrachen. Ein junger Singhalese, der den Cabana Platz verwaltete, begrüßte mich freundlich. Suriya würdigte er keines Blickes, aber er ließ ihn eintreten und führte uns zu einer Terrasse, die an den Strand grenzte.
Der Doktor kam uns mit ausgestreckten Händen entgegen. Er war noch größer und dicker, als ich ihn in Erinnerung hatte. Das weiße Hemd, das er trug, spannte über dem runden Bauch. Die obersten Knöpfe waren geöffnet, so dass die schwarzen, krausen Brusthaare herausquollen. Um den Hals trug er eine schwere Goldkette, die tief in der dichten Brustbehaarung versank.
„Wie schön dich zu sehen, mein Freund“, begrüßte er Suriya. Und wie nett, dass du mitgekommen bist“, wandt er sich an mich. „In der Monsunzeit ist hier leider nicht viel los. Ich freue mich, dass ihr mir heute Abend Gesellschaft leistet.“
Wir setzten uns an den einzigen Tisch, der auf der Terrasse stand. Die anderen Tische und Stühle standen übereinander gestapelt an der Seite. Der Restaurantbetrieb war eigentlich eingestellt. Es gab hier keine Gäste mehr.
„Gläser für mich und meine Freunde“, rief der Doktor dem jungen Singhalesen zu, und wenig später stand eine Flasche Arrak auf dem Tisch. Unser Gastgeber füllte die

Gläser mit dem lauwarmen Schnaps und nahm einen kräftigen Schluck.
„Wie geht es dir, Suriya? Ich hoffe bei euch ist alles in Ordnung."
Die beiden sprachen Englisch miteinander.
„Um ehrlich zu sein ...", begann Suriya, aber er beendete den Satz nicht, da in diesem Moment der Singhalese wieder aus der Küche kam. Er trug die köstlichsten Speisen auf. Hummer, Krabben, Garnelen und verschiedene Currys. Widerwillig stellte er auch Suriya einen Teller hin.
Wir aßen, der Doktor trank viel Arrak und plauderte von alten Zeiten und davon, wie lange er und Suriya sich schon kannten. Er erzählte von fröhlichen Abenden, an denen sie gemeinsam mit den Gästen gefeiert hatten.
„Ich brauche das ab und zu", erklärte er und schenkte sein Glas wieder voll. „Hier kann ich mich von dem Trubel in Colombo erholen."
Nach dem Essen räumte der junge Einheimische den Tisch ab.
„Ich brauche dich heute nicht mehr", rief der Doktor ihm zu, und der Singhalese ließ uns allein.
„Suriya", sagte der Doktor leise. „Ich bin nicht hier, um mit dir über Politik zu reden, aber wenn du im Dorf Schwierigkeiten hast, wenn ich dir irgendwie helfen kann, dann lass es mich wissen."
„Vielleicht könntest du etwas für mich tun", antwortete Suriya flüsternd. „Ich brauche einen Pass."
„Es wurde eine Ausreisesperre verhängt", sagte der Doktor. „Zur Zeit werden keine Pässe ausgestellt."
Suriya erzählte seinem singhalesischen Freund von seinen Schwierigkeiten und dem Angebot, das die amerikanischen Studenten ihm gemacht hatten.
„Ich kenne jemanden im Auswanderungsbüro, der mir noch einen Gefallen schuldet", meinte der Doktor nach-

denklich. „Ich werde mit ihm sprechen. Du musst einen Brief nach New York schreiben. Deine Freunde sollen so schnell wie möglich das Flugticket schicken. Das wirst du vorweisen müssen. Außerdem sollen dir die Studenten ein Empfehlungsschreiben schicken, am besten auf dem Briefpapier der Universität. Ich fahre am Freitag nach Colombo zurück und werde sehen, was ich für dich tun kann."

Dann nahm er einen großen Schluck Arrak und ging wieder zu angenehmeren Themen über. Spät in der Nacht, nachdem die Flasche Arrak geleert war, brachen wir auf.

Am nächsten Morgen bekam ich zu spüren, dass ich wohl doch etwas zu viel von dem lauwarmen Palmblütenschnaps getrunken hatte. Ich war noch nicht ganz zu mir gekommen, als ich laute Stimmen vor meiner Cabana hörte. Auf dem Platz wimmelte es von bewaffneten Soldaten. Sie waren gekommen, um Suriya abzuholen.

„Was wird ihm vorgeworfen?", fragte Pathma die Männer.

„Er hat gegen die Ausgangssperre verstoßen. Gestern Nacht wurde er von Dorfbewohnern gesehen. Wahrscheinlich trifft er sich mit Rebellen, oder warum sollte er um diese Zeit im Dunkeln herumschleichen?"

Natürlich wussten alle, dass diese Anschuldigung völlig absurd war, aber mit dem Verstoß gegen die Ausgangssperre hatte man wieder etwas in der Hand, um Suriya zu schikanieren.

Ravi rannte sofort zur Cabana des Doktors und kam mit ihm zurück, gerade als die Soldaten Suriya abführen wollten. Freundlich lächelnd begrüßte der Doktor die Soldaten und den örtlichen Polizeichef, der ebenfalls anwesend war. Die beiden schienen sich gut zu kennen. Sie wechselten ein paar Worte auf Singhalesisch, und der

Doktor konnte erreichen, dass Suriya wieder freigelassen wurde.
„Bedank dich beim Doktor“, zischte der Polizist Suriya auf Englisch an. „Das war das letzte Mal, dass du so leicht davon gekommen bist.“
Bevor er mit den Soldaten abrückte, kam er noch drohend einen Schritt auf mich zu: „Auch du hast dich an die Ausgangssperre zu halten. Für dich wird es besser sein, wenn du uns bald verlässt.“
Solange der Doktor im Dorf war, bestand für Suriya keine Gefahr. Die Einheimischen hatten großen Respekt vor dem Arzt aus Colombo. Niemand wollte sich mit ihm anlegen. Doch die Tatsache, dass dieser einflussreiche Singhalese sich ausgerechnet für Suriya einsetzte, schürte noch mehr Neid und Missgunst unter den Dorfbewohnern.
Suriya verließ den Platz nach diesem Vorfall nicht mehr. Wie der Doktor ihm geraten hatte, schrieb er einen Brief an die Studenten, den ich für ihn in die Stadt brachte. Auf der Post erwartete mich eine Überraschung. Die Benachrichtigung, dass mein Pass in der Deutschen Botschaft bereit liege, war eingetroffen. Ich musste nach Colombo fahren, um den Ausweis persönlich abzuholen, und der Doktor bot mir an, mich mit seinem Jeep in die Hauptstadt mitzunehmen.
Wir starteten am Nachmittag. Ich war froh, dieses Mal nicht mit dem Mitternachts-Express fahren zu müssen und genoss die bequeme Fahrt, vorbei an den Teeplantagen und Reisfeldern. Der Doktor war ein angenehmer Gesprächspartner. Er war sehr gebildet, und sein Englisch war perfekt. Die Zeit verging wie im Flug. Als wir Colombo erreichten war es bereits dunkel geworden.
„Ich muss noch kurz auf einer Party im Angel Club vorbeischauen“, meinte der Doktor, als wir durch einen Vorort der Hauptstadt fuhren. „Ich habe etwas mit Ge-

schäftsfreunden zu besprechen. Eigentlich werden nur Mitglieder im Club eingelassen, aber wenn du mit mir kommst, ist das kein Problem. Danach kann ich dich zu einem Hotel fahren."

Der Srilanker, der uns das Tor zum Angel Club öffnete, musterte mich erstaunt, und genauso verwundert sah ich den Mann an. Er war gekleidet wie ein britischer Butler, und er benahm sich auch genau so. Der Einheimische trug eine schwarze Hose, ein blütenweißes Hemd und darüber eine Weste. Um seinen Hals war eine dunkelrote Fliege gebunden. Nur die in Sri Lanka so beliebten Gummibadeschlappen, stellten einen Stilbruch dar. Mit hoch erhobenem Haupt, vornehmem Gesichtsausdruck und steifem Gang, führte er uns in den Garten des Anwesens.

Als wir die parkähnliche Anlage betraten, fühlte ich mich wie nach Europa versetzt. Aus den Lautsprechern tönte Diskomusik, zu der einige Paare tanzten. Die Gäste, die ausnahmslos Srilanker waren, trugen alle europäische Kleidung. Die Frauen knielange Röcke, die Männer weiße Hemden und dunkle Hosen. In meiner zerknitterten Baumwollhose kam ich mir ziemlich fehl am Platz vor.

Der Garten war mit Lampions geschmückt, und um ein Wasserbassin, aus dem mehrere beleuchtete Springbrunnen aufstiegen, saßen die Gäste an runden Tischen und tranken Bier, Longdrinks oder Fruchtcocktails. Neben dem Wasserbecken war ein Büffet mit erlesenen Köstlichkeiten aufgebaut. Ein Bediensteter, der ebenfalls wie ein Butler gekleidet war, war unermüdlich damit beschäftigt, mit einem Fächer die Fliegen von den Leckereien zu verscheuchen.

Der Doktor führte mich an die Bar und bestellte Whisky.

„Auch einen?", fragte er augenzwinkernd und amüsierte sich sichtlich über die entsetzten Gesichter der einheimischen Ladys, als ich annahm. Dann zog sich der Doktor

mit zwei Männern an einen Tisch zurück, um seine Geschäfte zu besprechen.
Ich blieb an der Bar nicht lange allein. Schon kurze Zeit später war ich von einer Gruppe junger Männer umringt, die meine Anwesenheit offenbar als willkommene Abwechslung empfanden.
„Fernandez", stellte sich einer der Männer vor. Er hatte eine auffallend helle Hautfarbe und trug einen schwarzen Schnauzbart im Gesicht.
„Ein ungewöhnlicher Name in Sri Lanka", wunderte ich mich.
„Fernandez ist Burgher", erklärte der Srilanker, der neben ihm stand. Einer seiner Vorfahren war ein holländischer Seefahrer."
Die jungen Männer befragten mich nach meinen Erlebnissen und Erfahrungen in Sri Lanka. Als sie hörten, dass ich die meiste Zeit meines Aufenthaltes in einem Dorf an der Ostküste verbracht hatte, waren sie sichtlich entsetzt.
„Das ist Kriegsgebiet", meinte Fernandez. „Das ist kein Ort um Urlaub zu machen!" Auf ein politisches Gespräch wollte er sich jedoch nicht einlassen und wechselte schnell das Thema. Fernandez war ein amüsanter Unterhalter. Er berichtete von seinem Vorfahren, dem holländischen Seefahrer, und erzählte allerlei interessante Geschichten und Legenden.
„Viele Touristen sagen, Sri Lanka ist ein paradiesischer Ort", sagte er. „Laut einer Legende war unsere Insel einst wirklich das Paradies. Das steht jedenfalls in den alten indischen Schriften. Auf dem Adam´s Peak, einem der höchsten Berge des Landes, befindet sich ein Fußabdruck, der angeblich von Adam stammen soll. Andere halten ihn allerdings für einen Fußabdruck Buddhas oder Shivas. Tausende Gläubige pilgern jährlich zu diesem heiligen Ort, Christen, Buddhisten und Hindus. Die Legende besagt, dass Adam und Eva von Sri Lanka nach

Indien vertrieben wurden. Ich bin einmal mit der Fähre über die Adam´s Bridge nach Indien gereist. Seitdem glaube ich an die Legende. Verglichen mit Indien ist Sri Lanka das Paradies."
Die Zeit verging wie im Flug, und es wurde später, als geplant war. Immer wieder brachte der Butler neue Drinks an den Tisch des Doktors, und als wir den Angel Club verließen, war es bereits weit nach Mitternacht. Der Doktor war ziemlich angetrunken.
„Ein Bekannter von mir hat hier ganz in der Nähe ein kleines Hotel", sagte er mit schwerer Zunge. „Da kann ich dich hinfahren."
Eigentlich war der Doktor nicht mehr fahrtüchtig, er konnte nicht einmal mehr gerade gehen, aber es blieb mir nichts anderes übrig, als in den Jeep zu steigen. Es war mitten in der Nacht, und ich hatte keine Ahnung, wo genau wir uns eigentlich befanden.
Wir mussten lange an die Tür des Hotels klopfen, bevor uns der Besitzer schlaftrunken öffnete. Die beiden Singhalesen wechselte ein paar Worte.
„Es ist kein Zimmer mehr frei", bedauerte der Doktor. „Bei mir kannst du nicht übernachten. Meine Frau würde mir was erzählen, wenn ich mitten in der Nacht mit einer Touristin zu Hause auftauchen würde. Es wird schwer sein, um diese Zeit ein Zimmer zu finden."
Er wechselte noch ein paar Worte mit seinem Bekannten und drückte ihm schließlich einen Geldschein in die Hand. Daraufhin wurden wir eingelassen. Kurzerhand wurden die drei Kinder des Hotelbesitzers ins elterliche Bett umquartiert, und ich bekam ein Zimmer zum Schlafen.
Am nächsten Tag nahm ich ein Tuk-Tuk zur Deutschen Botschaft. Der Mann, der mich empfing, händigte mir meinen neuen Pass aus.

„Ihr Visum ist natürlich schon lange abgelaufen", bemerkte er in fließendem Deutsch. „Sie müssen das Land in den nächsten Tagen verlassen. Buchen Sie am besten noch heute einen Flug."
Weihnachten stand kurz bevor. Eigentlich hatte ich vorgehabt, das Weihnachtsfest in Indien zu verbringen. Ich dachte an Christians Erzählungen von den berühmten Weihnachtspartys in Goa. Aber die erschienen mir jetzt nicht mehr so wichtig. Heiligabend wollte ich noch mit Suriya verbringen. Zwar feierten die tamilischen Brüder Weihnachten eigentlich nicht, aber sie hatten für Moni, Ronaldo und mich eine Party geplant. Das Fest würde gleichzeitig mein Abschied von Sri Lanka sein. Noch am selben Abend nahm ich den Bus zurück zur Ostküste. Die letzten Tage in Sri Lanka wollte ich bei Suriya sein.

*

Am Weihnachtstag war es ungewöhnlich heiß. Ausnahmsweise hatte es mittags einmal nicht geregnet. Moni und ich hatten einen Arrak-Punsch für die Weihnachtsparty zubereitet. Es blieb noch Zeit, bis die Feier am Abend begann. Ich war in melancholischer Stimmung. Schon am nächsten Tag musste ich abreisen, und ich machte mir große Sorgen um Suriya und seine Brüder. Meine Anwesenheit hatte einen gewissen Schutz für sie dargestellt. Mahinda hatte gesagt, solange Touristen auf dem Platz wohnen, wird man die Brüder in Ruhe lassen. Ausländer wollte man aus den Konflikten heraushalten. Auch Ronaldos Visum war fast abgelaufen, und Moni wollte mit ihm nach Europa zurückfliegen. Dann würde es im Dorf keine ausländischen Zeugen mehr geben. Suriya und seine Brüder waren der Willkür der Soldaten ausgesetzt.

Gedanken an meine Familie gingen mir durch den Kopf. Nicht, dass ich Heimweh gehabt hätte. Es lag wohl einfach an diesem Datum, an Heiligabend. Es war das erste Mal, dass ich das Fest nicht zu Hause verbrachte. Bestimmt würde meine Familie heute an mich denken. Ob es wohl schneite in Deutschland, während ich hier bei 35° im Schatten schwitzte?
Ich ging zum hinteren Bereich des Platzes, wo sich Suriyas Tempel befand. Noch nie hatte ich das kleine Gebäude betreten, aber an diesem Tag zog es mich dorthin.
Der Tempel war bunt und kunstvoll bemalt. In den Fensteröffnungen standen Öllichter und Vasen mit frischen Blumen. Ich schob den Bastvorhang beiseite und betrat den schummrigen Raum. Ein starker Duft von Blumen und Räucherstäbchen schlug mir entgegen. Auf einer Erhöhung stand eine Statue des Hindugottes Shiva. Was mich jedoch erstaunte, war die Tatsache, dass sich neben dem Hindugott eine kleine Buddhastatue aus Jade befand. Über den Figuren hing die Darstellung einer islamischen Moschee, und daneben befand sich ein Kreuz mit einer Christusfigur. Noch nie hatte ich einen Tempel gesehen, in dem die Symbole der verschiedenen Religionen vereint waren.
Ich setzte mich auf den Lehmboden und bemerkte neben mir eine Holzkiste, die mit verschiedenen Dingen angefüllt war. Vergilbte Postkarten, Briefe, Fotos, eine Haarspange, Schmuck, Muscheln und Geldscheine in unterschiedlichen Währungen lagen darin. Erinnerungsstücke, die Gäste hier zurückgelassen haben, dachte ich.
„Hier soll jeder den Gott finden, den er sucht“, hörte ich plötzlich Suriyas Stimme. Ich hatte nicht bemerkt, dass er eingetreten war. „Und wenn jemand keinen Gott sucht, soll er hier Frieden finden.“
Suriya setzte sich neben mich auf den Boden.
„Ich musste heute an meine Familie denken“, sagte ich.

„Wenn ich in New York sein werde“, antwortete er, „werde ich auch oft an Sri Lanka und meine Brüder denken.“
Wir saßen eine Weile schweigend nebeneinander, er im Lotussitz, ich im Schneidersitz, er in Meditation versunken, und ich in Gedanken versunken.
Plötzlich wurden draußen Stimmen laut. Das Geschrei musste von der Dorfstraße her kommen. Männer riefen sich aufgeregt irgend etwas zu.
„Was ist passiert?“, fragte ich Suriya erschrocken.
„Sie sprechen Singhalesisch. Ich habe nur das Wort „tot“ verstanden.“
Schnell rannten wir zum Eingang des Platzes. Das Stimmengewirr wurde immer lauter. Die Dorfbewohner kamen aus ihren Hütten und liefen die Straße entlang in Richtung Strand.
Mahinda war aus der Küche gekommen, wo er Pathma bei den Vorbereitungen für das Weihnachtsessen geholfen hatte. Sein entsetzter Gesichtsausdruck verhieß nichts Gutes.
„Was rufen sie?“, fragte Suriya besorgt.
„Ein toter Mann“, antwortete Mahinda. „Sie sagen, das Meer hat einen toten Mann angespült. Ich werde nachsehen, was dort los ist.“
Mahinda lief in Richtung Strand, und ich folgte ihm.
Für die Brüder war es besser auf dem Platz zu bleiben. Die Gemüter der Dorfbewohner waren erhitzt.
Am Strand hatte sich inzwischen schon das halbe Dorf versammelt. Im Wasser lag der Körper eines Mannes mit dem Gesicht nach unten. Von Weitem sah es aus, als würde er sich bewegen, aber das waren nur die Wellen, die den Körper in gleichmäßigem Rhythmus an den Strand spülten und wieder ins Meer zurückzogen. Die langen, grauen Haare des Toten klebten blutverschmiert an seinem Kopf, und über dem Ohr klaffte eine tiefe

Wunde. Endlich ergriff einer der Dorfbewohner die Initiative und zog den Körper aus dem Wasser. Er gab ihm einen leichten Fußtritt, so dass die Leiche auf den Rücken rollte. Ein Raunen ging durch die Menschenmenge. Selbst im Tod sah es aus, als würde er immer noch lächeln - Swami war tot. Sie hatten den merkwürdigen alten Hindu erschlagen.

Ich brachte Suriya, der sich wieder in seinen Tempel zurückgezogen hatte, die schreckliche Nachricht.

„Die Leute glaubten, er sei verrückt“, sagte Suriya. „Swami hat die Welt nur mit anderen, mit kindlichen Augen gesehen. Er hat in seinem Leben nie irgend einem Menschen etwas Böses getan.“

Suriya zündete Kerzen und Räucherstäbchen an.

„In diese Truhe haben Touristen, die unsere Gäste waren, verschiedene Gegenstände gelegt. Es liegen Fotos drin, Schmuckstücke und andere Erinnerungen an bestimmte Menschen. Ich würde gern ein Andenken an Swami hineinlegen, aber es gibt keinen Gegenstand, der an ihn erinnert. Er hat nichts besessen, außer dem Lungi, den er trug.“

Ich ging zu meiner Cabana und holte die Zeichnung mit den Strichmännchen, die sich noch immer in meinem Notizblock befand. Nachdenklich betrachtete Suriya das Bild.

„Die eine Figur hält einen Gegenstand in der erhobenen Hand. Ob Swami sein Ende geahnt hat?“

Die Weihnachtsparty wurde zur Trauerfeier. Die Stimmung war bedrückt.

„Jetzt, nachdem Swami tot ist, seid ihr die letzten Tamilen im Dorf“, warnte Mahinda. „Da ist zwar noch die alte Frau, die ihren Mann verloren hat, aber der werden sie nichts tun. Ihr solltet so schnell wie möglich von hier weggehen.“

„Es wird noch einige Zeit vergehen, bis alle Vorbereitungen für meine Ausreise getroffen sind“, gab Suriya zu Bedenken. „Aber Pathma und Ravi müssen aufbrechen, bevor noch mehr Soldaten kommen und Straßensperren errichtet werden. Ich werde schon auf mich aufpassen. Die Soldaten haben mit den tamilischen Familien in der Stadt genug zu tun.“

An Heiligabend gingen wir früh in die Cabana. Nach feiern war uns nicht zumute. Es war mein Abschied von Suriya. Eigentlich wollte ich gar nicht nach Indien reisen. Viel lieber wäre ich bei ihm geblieben, bis ich sicher sein konnte, dass er außer Gefahr war.

„Mir und meinen Brüdern wird nichts geschehen“, meinte Suriya zuversichtlich. „Und wir beide werden uns noch einmal wiedersehen, da bin ich mir ganz sicher. Wenn nicht in diesem Leben, dann in einem späteren.“

Aber da ich nicht an das nächste Leben glaubte, konnte das kein besonderer Trost für mich sein.

Am nächsten Tag kamen Moni und Ronaldo, um sich von mir zu verabschieden. Sie hatten sich entschlossen, von ihrem Haus am Dorfrand wieder zu den Brüdern zu ziehen. Eine Woche blieb ihnen noch auf Sri Lanka, dann war ihr Rückflug nach Europa gebucht. Ronaldos singhalesischer Freund sollte während seiner Abwesenheit das fast fertiggestellte Haus bewachen. In ein paar Wochen wollte Ronaldo zurück sein.

„Bis dahin ist dieser dumme Bürgerkrieg bestimmt vorbei“, meinte er optimistisch.

Der Abschied von Suriya viel mir schwer. Ich küsste ihn und wünschte ihm viel Glück, obwohl ich wusste, dass er an so etwas wie Glück überhaupt nicht glaubte. Er war davon überzeugt, dass das Schicksal vorbestimmt sei.

Am Abend setzte ich meinen Rucksack auf den Rücken und ging die Straße entlang in Richtung Stadt. Ein paar Kinder begleiteten mich singend und lachend bis zur

Brücke, wo ein Wachposten stand. Dann winkten sie mir noch einmal zu und rannten zurück ins Dorf.
Der Soldat stand im Schatten eines Baumes und hatte sein Gewehr neben sich an den Stamm gelehnt. Er hatte mich schon oft gesehen und mich immer ohne ein Wort passieren lassen. Dieses Mal sah er mein Gepäck, nahm sein Gewehr in die Hand und kam ein paar Schritte auf mich zu.
„Gehen?“, fragte er in gebrochenem Englisch.
Ich nickte und hoffte, dass er mich nicht aufhalten würde.
„Nicht zurückkommen“, warnte mich der Soldat. „Nicht Touristen, nicht guter Ort.“
Ich wackelte zustimmend mit dem Kopf, und er deutete mir mit einer Bewegung seines Gewehres an, dass ich passieren konnte.
Im Bus saßen nur wenige Fahrgäste. Die meisten Einheimischen blieben zu Hause, wenn sie nicht unbedingt verreisen mussten. Ich konnte mein Gepäck auf dem Sitz neben mir deponieren und sah aus dem Fenster. Inzwischen kannte ich die Strecke gut. Gleich würden wir die Brücke passieren, die den Fluss überspannte, und danach kam die Stelle mit den tiefen Schlaglöchern. Suriya hatte mir von den Elefanten erzählt, die manchmal abends im Fluss badeten. Und dieses Mal sah ich sie. Eine Herde mächtiger Dickhäuter mit ihren Jungtieren. Sie lagen im seichten Wasser, bespritzten sich mit ihren Rüsseln und ließen sich von dem Geräusch des Busses nicht stören, der über die Holzbrücke knatterte.
Wir legten die Strecke nach Colombo in relativ kurzer Zeit zurück. Schon um vier Uhr morgens hatten wir die Hauptstadt an der Westküste erreicht. Ich musste irgendwie die Zeit verbringen, bis der erste Bus zum Flughafen fuhr. In der Dunkelheit auf den Straßen von Colombo herumzulungern, erschien mir zu gefährlich. Also kaufte ich mir ein Railway Station Ticket - eine Eintrittskarte

für den Bahnhof. Nur mit diesem Ticket durfte man sich nachts in dem Gebäude aufhalten. Es sollte vermieden werden, dass Obdachlose den Bahnhof als Schlafstätte benutzten. Außerdem herrschte eine große Angst vor Bombenanschlägen. Das Gebäude wurde rund um die Uhr von Soldaten bewacht, die vor dem Eingang patrouillierten. Ich deponierte mein Gepäck in einem Schließfach und sah mich nach einem bequemen Platz um, an dem ich die zwei Stunden bis Sonnenaufgang verbringen konnte. „Ladies-Waiting-Room" stand auf einem Schild über einer Tür. Das Wartezimmer für Frauen war gut besetzt. Manche der Ladys lagen auf dem Boden und schliefen. Kinder hatten sich an die Saris der Mütter geschmiegt. Andere Frauen dösten auf Bänken sitzend vor sich hin. Ich ließ mich auf dem Boden nieder, lehnte den Rücken an die Wand und schloss die Augen. Schon in wenigen Stunden würde ich in Indien sein.
Ich musste an die Legende denken, die mir Fernandez im Angel Club erzählt hatte. „Verglichen mit Indien ist Sri Lanka das Paradies", hatte er gesagt.

# VI

In dem Moment, als ich den Flughafen betrat, hatte ich das Gefühl, Sri Lanka bereits verlassen zu haben. Es wurde gerade eine deutsche Reisegruppe abgefertigt. Kulis schleppten schwere Koffer, Urlauberinnen trugen Kosmetik-Köfferchen, übermüdete Kinder quengelten. Eine Reiseleiterin nahm die Beschwerden der genervten Touristen entgegen. Der Start ihrer Maschine hatte sich aus irgendeinem Grund verzögert.

Hier, auf dem Flughafen, schien zu Hause so nah zu sein. Diese Urlauber würden in einigen Stunden im winterlichen Deutschland landen. Ich hatte bis Goa eine längere Reise vor mir. Dort gab es keinen Flughafen. Die Maschine brachte mich nur bis Trivandrum in Südindien. Von dort aus musste ich mit dem Zug weiterreisen.

Am Schalter für den Kurzflug zwischen Sri Lanka und Indien standen nur wenige Passagiere. Hier ging es wesentlich ruhiger zu. Mit asiatischer Gelassenheit warteten die Fluggäste auf ihre Abfertigung. Nur eine Touristin näherte sich der Warteschlange. Schwitzend schleppte sie zwei schwere Koffer. Kein Wunder, dass ihr heiß war, denn sie trug eine viel zu warme Cordhose und eine Rüschenbluse mit langen Ärmeln, die bis oben hin zugeknöpft war.

„Flug nach Trivandrum?“, sprach sie mich auf Englisch an.

„Da bist du hier richtig“, antwortete ich auf Deutsch, denn ihr bajuwarischer Akzent war unüberhörbar.

Als einzige Weiße an Bord hatte man uns Plätze nebeneinander gegeben. Das junge bayrische Mädchen schien froh darüber zu sein, auf dem Flug eine deutsche Gesprächspartnerin zu haben. Redselig plauderte sie von ihren Plänen in Indien. Sie hatte sich aus ihrem Heimat-

dorf in Bayern aufgemacht, um in Südindien in einem Kinderheim zu arbeiten. Ihre Tante, eine Nonne, lebte schon seit Jahren dort.
„Ich war immer ganz beeindruckt, wenn Tante Maria uns in Deutschland besucht hat", erzählte Heidrun. „Sie hat immer so von Indien und ihrer Arbeit dort geschwärmt. Ich bewundere es, wenn jemand sich so für andere aufopfert. Meine Tante war immer mein großes Vorbild."
Schon nach einer halben Stunde landeten wir auf dem kleinen Flugplatz von Trivandrum. Heidruns Tante erwartete ihre Nichte schon. Die Nonne war nicht zu übersehen. Sie war zwar nicht besonders groß, aber ziemlich korpulent. Mit energischen Schritten steuerte sie durch die Halle auf uns zu.
„Grüß Gott, mein Kind", rief sie schon von Weitem und fuchtelte mit beiden Armen. „Willkommen in Indien."
Die Nonne hatte ihren Jeep vor dem Flughafengebäude geparkt. Ich wollte mich nach dem Bus zum Zentrum der Stadt umsehen. In Trivandrum wollte ich mich nicht lange aufhalten, sondern gleich den Zug in Richtung Goa nehmen.
„Am Bahnhof fahren wir sowieso vorbei", sagte Heidruns Tante und bot mir an, mich bis dorthin mitzunehmen.
„Erzähl mir von zu Hause, Kind", forderte die Nonne ihre Nichte auf, während sie den Jeep durch den dichten Verkehr manövrierte. „Wie geht es deinen Eltern?"
Aber Heidrun war nicht mehr so gesprächig, wie ich sie im Flugzeug kennen gelernt hatte.
„Gut", antwortete sie nur wortkarg und starrte aus dem Fenster. Die neuen Eindrücke schienen das Mädchen aus dem bayrischen Dorf völlig zu überwältigen. Ihre Tante lächelte verständnisvoll.

„Du wirst lernen, Indien zu lieben", versicherte sie. „Das braucht seine Zeit. Glaub mir, Indien ist ein wundervolles Land, und es leben hier wunderbare Menschen."
„Ich weiß nicht", antwortete Heidrun skeptisch.
Hupend und mit halsbrecherischen Ausweichmanövern lenkte die Nonne den Jeep ins Zentrum der Stadt. Sie hatte ihren Fahrstil offenbar im Laufe der Zeit dem der Einheimischen angepasst. Von demütiger Zurückhaltung keine Spur. Auch ihr Repertoire an bayrischen Schimpfwörtern für die anderen Verkehrsteilnehmer war beachtlich.
„Die Einheimischen verstehen sowieso nicht, was ich sage", rechtfertigte sie sich. „Also beleidige ich auch niemanden."
Obwohl ich die Fahrt mit der Nonne äußerst amüsant fand, war ich doch erleichtert, unbeschadet am Bahnhof anzukommen.
„Du musst in Goa unbedingt die Kirchen besichtigen", riet mir Heidruns Tante. „Goa war früher portugiesische Kolonie, es gibt dort mehr Gotteshäuser, als Hindutempel. Herrliche Kirchen. Am liebsten würde ich mit dir reisen. Aber die Kinder im Heim warten auf mich."
Als ich mich verabschiedete, hielt sie mich noch kurz am Arm fest: „Natürlich weiß ich schon, dass ihr jungen Dinger nicht wegen der Kirchen nach Goa reist. Sei vorsichtig. Halt dich fern von Drogen."
Die Nonne wünschte mir noch Gottes Segen auf meiner Reise. Fröhlich winkte sie mir zu, bevor ich mich zwischen den Indern in das Bahnhofsgebäude drängte. Heidrun beneidete mich wohl nicht um meine Reise. Sie war ganz blass. Irgendwie hatte ich den Eindruck, dass sie am liebsten in das nächste Flugzeug nach München gestiegen wäre.
Vor dem Ticketschalter am Bahnhof stand eine lange Warteschlange. Mit der Zeit gewöhnt man sich ans War-

ten. Ich stellte mich hinten an. Ein Junge verkaufte heißen Tee und lauwarme Limonade.
Auf dem Bahnhof von Trivandrum war kein einziger Tourist zu sehen. Wahrscheinlich starrten mich die indischen Männer nur so an, weil es für sie ungewöhnlich war, dass eine junge weiße Frau allein reiste, dachte ich. Einige der Männer sprachen offensichtlich über mich. Sie warfen mir verstohlene Blicke zu.
„Hier nicht für dich“, sprach mich schließlich ein junger Inder in gebrochenem Englisch an.
„Ich möchte ein Zugticket kaufen“, antwortete ich gereizt. Es war heiß. Ich war müde und hatte keine Lust auf Diskussionen.
„Hier kein Ticket für dich“, wiederholte er und lächelte freundlich.
Warum wollte man mir hier keine Fahrkarte verkaufen? Und warum grinste der Mann dabei auch noch so dreist? Bevor ich ihm eine Antwort geben konnte, deutete er auf einen Schalter, der einige Meter entfernt war.
„Da für dich, Madam“, erklärte er, immer noch lächelnd.
Erst jetzt fiel mir auf, dass in der langen Schlange nur Männer anstanden. Am Schalter daneben sah ich zwei indische Frauen in bunten Saris. „Ladies-Counter“ stand auf einem Schild über dem Verkaufsschalter. Ein Fahrkartenschalter nur für Frauen. Das musste ein Relikt aus der britischen Kolonialzeit sein. Ich stellte mich hinter den indischen Frauen an und wurde sofort bedient. Die Männer, die geduldig in der anderen Schlange standen, waren zufrieden.
„Es ist eine lange Fahrt, Madam“, sagte die Frau am Schalter. „Möchten Sie einen Schlafplatz buchen?“
Wie komfortabel, wunderte ich mich. Ich hatte nicht gewusst, dass es in den indischen Zügen Schlafwaggons gab. Also buchte ich einen „Sleeper“. Der alte Zug schien ebenfalls ein Überbleibsel aus der Kolonialzeit zu sein.

Die zweite Klasse war hoffnungslos überfüllt. Dicht zusammengedrängt saßen die Fahrgäste auf den Holzbänken oder kauerten auf dem Boden. Ich stieg über Warenkörbe, Gepäck und Hühner, bis ich schließlich das Abteil mit der Nummer fand, die auf meiner Fahrkarte stand. Einen Schlafwagen hatte ich auf meinem Weg durch die Waggons nicht gesehen. Aber zunächst war ich froh, wenigstens einen einigermaßen bequemen Sitzplatz zu haben. Mein Gepäck deponierte ich auf dem Holzbrett, das über den Sitzen an der Decke angebracht war.
Mir gegenüber saßen vier indische Männer, die mich pausenlos anstarrten. Ich zog ein Buch aus der Tasche und hoffte, dass ihre Neugierde irgendwann befriedigt sein würde. Aber sie ließen mit ihren Blicken nicht von mir ab. Es galt hier offenbar nicht als unhöflich, jemanden derart aufdringlich anzustarren. Ich fühlte mich unbehaglich. Eine Inderin, die neben mir saß, zog schon bald ihren Sari über ihr Gesicht und lehnte den Kopf zur Seite, um zu schlafen. In diesem Moment wünschte ich mir auch einen Sari, hinter dem ich mich vor den Blicken verstecken konnte.
Es wurde bald Abend. Irgendwann reichte das Licht zum Lesen nicht mehr aus. Ich fragte meine Mitreisenden nach dem Schlafwaggon, aber sie schienen mich nicht zu verstehen. Deshalb zeigte ich einem der Männer mein Ticket.
„Sleeper“, sagte der Inder, wackelte mit dem Kopf und deutete nach oben zur Gepäckablage. Sicherlich hatte er mich nicht richtig verstanden, dachte ich. Oder er wollte mich auf den Arm nehmen. Die Männer sprachen miteinander und lachten.
Jetzt stand einer von ihnen auf, stieg auf seinen Sitz und kletterte auf das Brett, das unter der Waggondecke befestigt war.

„Sleeper“, wiederholte er, steckte sich gähnend aus, und schon kurze Zeit später war von oben ein gleichmäßiges Schnarchen zu hören.
Das zirka fünfzig Zentimeter breite Holzbrett über meinem Sitzplatz, das ich für die Gepäckablage gehalten hatte, war tatsächlich mein Nachtlager. Ich hatte mich schon gewundert, dass die Einheimischen ihre Taschen nicht oben, sondern unter ihren Sitzen verstauten.
Es war gar nicht so einfach das Brett zu erklimmen. Eine Leiter gab es nicht. Schließlich half mir einer der Fahrgäste nach oben und reichte mir mein Gepäck, das ich als Kopfkissen benutzte. In dieser Höhe schaukelte der Zug wie ein schwankendes Schiff. Ich hielt mich an den Eisenstäben fest, mit denen mein Schlaflager an der Waggondecke befestigt war und traute mich nicht, die Augen zu schließen. Eine falsche Drehung im Schlaf, und ich konnte herunterfallen. Wenigstens war ich hier vor den Blicken meiner Mitreisenden geschützt, und schließlich wurde ich doch von dem gleichmäßigen Schwanken in den Schlaf geschaukelt.

*

Am nächsten Tag erreichte ich Goa, den kleinen Bundesstaat an der Westküste Indiens. Die Städte, durch die ich fuhr, waren von einem ungewöhnlichen Flair geprägt. Gebäude aus der portugiesischen Kolonialzeit reihten sich an typisch asiatische. Mächtige, weiß gestrichene Kirchen überragten die Häuser. Westliches vermischte sich hier auf eigentümliche Weise mit Östlichem.
Pauschaltourismus gab es in Goa nicht. Der nächste Flughafen war viel zu weit entfernt. Aber die Rucksacktouristen scheuten die lange Anreise zu den Stränden nicht. Goa war ein Mekka für Hippies und Aussteiger.

Vor allem um die Weihnachtszeit pilgerten die Traveller aus Europa und aus allen Teilen Asiens hier her.
Mit dem Bus fuhr ich nach Chapora. Christian hatte mir von der Ortschaft erzählt. Hier wollte er dieses Jahr Weihnachten verbringen. In dem Ort gab es nur ein paar kleine Hotels, die in der Hauptsaison zur Weihnachtszeit hoffnungslos ausgebucht waren. Aber jeder Einheimische, der ein Haus, eine Hütte oder ein Zimmer entbehren konnte, vermietete an Touristen. Meist wurden die Unterkünfte gleich monatsweise vergeben, denn viele Gäste richteten sich hier auf einen längeren Aufenthalt ein.
Ich fand ein Zimmer am Ortsrand, in der Nähe des Flusses. Lediglich eine Bastmatte lag in dem kahlen Raum auf dem Boden, und in einer Ecke stand ein Wassereimer. Neben dem Haus befand sich ein Brunnen, aus dem man Wasser schöpfen konnte. Eine Touristin nahm dort gerade eine Dusche. Sie hatte ein großes buntes Tuch um ihren Körper gewickelt und sich mitsamt dem Lungi eingeseift.
Ich ging erst einmal in ein Restaurant, um etwas zu essen. Am Nebentisch saß eine international zusammengewürfelte Gruppe von Touristen. Sie unterhielten sich auf Englisch. Joints machten die Runde. In Goa herrschten eigene Gesetze. Haschisch und Marihuana wurden in aller Öffentlichkeit geraucht.
Es schien sich hier unter den Travellern eine eigene Mode entwickelt zu haben. Die meisten männlichen Touristen trugen Lungis, manche bunte Westen aus Rajasthan, in die kleine runde Spiegelchen eingearbeitet waren. Besonders beliebt waren lange, verfilzte Haare, wie ich sie bei den Sadhus, den hinduistischen Asketen, gesehen hatte. Viele Frauen hatten lange bunte Röcke an und trugen verschnörkelten, indischen Silberschmuck. Die Kleidung der Traveller war meist farbenfroh und

auffällig und eine Mischung aus Europäischem und Indischem.
An diesem Abend ging ich früh zu Bett. Ich war erschöpft von der langen Reise. Unruhig wälzte ich mich auf der harten Bastmatte hin und her. Draußen war das Kläffen der Hunde zu hören und das Grunzen der kleinen schwarzen Schweine, die auf den Straßen Chaporas allgegenwärtig waren. Sie fraßen die Abfälle und bildeten so die Müllabfuhr des Ortes. Ich sehnte mich zurück nach Sri Lanka.
Am nächsten Tag machte ich einen Ausflug zum Strand. Vagator-Beach war einen kleinen Fußmarsch von der Stadt entfernt. Auch hier hatten die Rucksacktouristen ihre eigenen Sitten eingeführt. Die meisten badeten nackt, obwohl das in Indien eigentlich verboten war und den Moralvorstellungen der Einheimischen ganz und gar widersprach. Aber um die Sitten und Gebräuche der Inder machten sich die meisten Traveller in Goa wohl wenig Gedanken. Unbeschwert und unbekleidet genossen sie ihr Sonnenbad, tummelten sich in den Wellen, oder spielten am Strand Volleyball, dass die nackten Körperteile nur so hüpften.
Es war ein Sonntag. Auch die Inder hatten an diesem Tag frei. Gruppen einheimischer Männer nutzten das Wochenende, um einen Ausflug zu den nackten Weißen an Goas Stränden zu unternehmen. Die Männer waren städtisch gekleidet mit langen Hosen und Hemden. In voller Montur promenierten sie über den Sand und begafften die Touristen, die sich davon jedoch nicht sonderlich stören ließen.
Weit draußen im Meer fiel mir eine Schwimmerin auf. Das leuchtende Orange ihrer hennagefärbten Haare war von Weitem zu sehen. Als sie näher an den Strand kam, erkannte ich, dass es Margot war. Ich hatte schon vermu-

tet, dass sie die Weihnachtszeit in Goa verbringen würde. Margot hatte mich auch bemerkt und kam jetzt an Land.
„So trifft man sich wieder“, begrüßte sie mich.
Ich erkundigte mich nach ihrer Tochter.
„Theresa ist nicht mitgekommen nach Goa,“ antwortete Margot. „Sie ist zurück nach Österreich geflogen. Jetzt wohnt sie bei ihrem Vater.“
Margot hatte noch eine Verabredung in Chapora.
„Hast du Silvester schon was vor?“, fragte sie noch. „Komm doch mit nach Anjuna, dort steigt eine Riesenparty.“
Wir vereinbarten für den Silvesterabend einen Treffpunkt.
„Ach übrigens, Weihnachten habe ich Christian getroffen“, fiel ihr noch ein. „Er hat nach dir gefragt.“
Am Silvesterabend traf ich mich mit Margot in einem Restaurant in Chapora. Sie hatte zwei einheimische Motorrad Fahrer angeheuert, die uns zu der Party nach Anjuna fuhren. Das Fest fand im Garten einer großen Villa aus der portugiesischen Kolonialzeit statt. Wer die Party eigentlich organisierte, das wusste Margot auch nicht.
Als wir uns dem Haus näherten, konnte man schon von Weitem laute, hämmernde Musik hören. Ein schmiedeeisernes Tor wurde uns geöffnet. Die Motorrad Fahrer, die neugierig einen Blick in den Garten warfen, wurden nicht eingelassen. Zutritt nur für Weiße.
Die Party war schon in vollem Gange. Gäste aus verschiedenen Orten waren hierher zusammengeströmt. Joints wurden herum gereicht, und Drogen aller Art wurden offen gehandelt. Margot warf erst einmal einen Trip ein.
Die Palmen und andere tropische Gewächse im Garten waren mit Scheinwerfern in verschiedenen Farben angestrahlt: rot, gelb, blau und pink. Das Licht erzeugte eine künstliche, unwirkliche Atmosphäre. Fast konnte man

vergessen, dass auf der anderen Seite der hohen Mauern, die das Grundstück umgaben, Indien war. Die meisten Gäste befanden sich ohnehin in einer anderen Realität. Manche saßen im Grünen und träumten, andere tanzten wie in Trance und schienen alles um sich herum zu vergessen. Das war also eine der berühmten Goa-Partys.
Um Mitternacht wurde mit Schnaps aus Flaschen angestoßen. Wildfremde Menschen umarmten und küssten sich, und dann ging die Party erst so richtig los. Margot hatte einen jungen Italiener kennen gelernt und war irgendwann mit ihm verschwunden.
Ich hatte keine Ahnung, wo genau ich eigentlich war und wie ich mitten in der Nacht nach Chapora gelangen sollte. Zum Glück warteten vor dem Tor noch einige einheimische Motorrad Fahrer, die die Gäste zurück zu ihren Unterkünften in die verschiedenen Orte brachten. Es dämmerte bereits, als ich mein Zimmer erreichte.
Den ersten Tag des neuen Jahres verschlief ich zum größten Teil. Ich fühlte mich elend. Keine Lust zum Strand zu gehen. Keine Lust auf den Trubel in einem der Restaurants, und mein Zimmer war auch nicht gerade gemütlich. Mein Körper schmerzte vom Liegen auf der harten Bastmatte. Margot hatte mir erzählt, dass Christian nach Weihnachten an einen ruhigen Strand im Norden Goas umgezogen war.
„Es soll eine schöne Bucht sein,“ hatte sie gesagt. „Für meinen Geschmack zu langweilig.“
Ich beschloss am nächsten Tag an diesen Strand umzuziehen.

*

Es war nicht besonders weit bis zum Arambol Beach. Trotzdem nahm die Fahrt den halben Tag in Anspruch. Ich musste den Bus nehmen und mit einer Fähre über

einen Fluss setzen. Eine Brücke gab es nicht. Dann ging die Fahrt weiter bis zu dem kleinen Fischerdorf im Norden Goas.
An der Bushaltestelle warteten schon ein paar indische Jungs auf Neuankömmlinge. Ein Boy führte mich zum Strand, wo er mir mehrere kleine Steinhäuschen zeigte, die zu vermieten waren. Hotels gab es am Arambol Beach nicht, nur ein paar kleine Restaurants am Strand. Ich entschied mich für eine Unterkunft, die nicht weit vom Meer entfernt war und im Schatten mächtiger Kokospalmen stand. Wenigstens musste ich hier nicht auf dem Boden auf einer Bastmatte schlafen. Es gab eine weiche Matratze.
Nachdem ich mich am Brunnen frisch gemacht hatte, betrat ich eines der Strandrestaurants und fragte den Kellner nach Christian.
„Ein Deutscher mit blonden Haaren und einer Tätowierung an der Schulter?“
Der Inder kannte ihn. Christian kam ab und zu hier her. So groß war die Auswahl an Restaurants am Strand ja nicht. Er deutete auf einen Touristen, der in einer Ecke des Restaurants saß.
„Das ist Mike“, stellte ihn der Kellner vor. „Er weiß, wo der Deutsche wohnt.“
Mike war klein und untersetzt und trug einen Schnauzbart über der Lippe. An seinem Akzent erkannte ich, dass er Australier war. Mike hatte ein Zimmer neben Christians Unterkunft und bot mir an, mich dorthin zu begleiten. Der Strand wurde an einer Seite von einem palmenbewaldeten Berg begrenzt, der bis ans Meer reichte. Am Fuße dieses Berges wohnte Christian in einem kleinen Haus. Das Gebäude bestand aus zwei Zimmern, die separate Eingänge hatten. Das Zimmer neben Christan bewohnte der Australier.

Die Tür stand offen, und ich betrat den fensterlosen Raum. Christian schlief. Als ich meine Hand auf seine Schulter legte öffnete er für einen Moment die Augen. Erstaunt sah er mich an, dann lächelte er.
„Ich träume," flüsterte er schlaftrunken und schloss die Augen wieder. Doch dann realisierte Christian, dass es sich nicht um einen Traum handelte. Er freute sich sehr, mich zu sehen.
Christian sah krank aus. Seit unserer letzten Begegnung hatte er stark abgenommen. Die Wangen waren eingefallen. An den Beinen hatte er Infektionen, wahrscheinlich von aufgekratzten Sandflohstichen. Mühsam erhob er sich.
Vor dem Zimmer befand sich eine offene Feuerstelle. Christian setzte Teewasser auf und drehte einen Joint.
Wie ich erfuhr, hatte seine Romanze mit Sandra nicht lange angehalten. Schon kurz nach meiner Abreise hatte sie in Hikkaduwa eine Gruppe Touristen kennen gelernt, die in einem der größeren Hotels wohnten. Von da an verbrachte sie die Abende mit den Urlaubern an der Hotelbar, und einige Tage später zog sie in das komfortable Haus um. Zwei Wochen später ist Sandra nach Deutschland zurückgekehrt.
„Ein Jahr lang habe ich von dieser Frau geträumt", sagte Christian enttäuscht. „Jetzt hab ich keinen Traum mehr."
Er hatte noch irgend etwas Wichtiges zu erledigen und wirkte nervös. Wir verabredeten uns zum Abendessen in einem der Strandrestaurants.
Als ich Christian am Abend wieder traf, schien es ihm etwas besser zu gehen.
„Hi, Tom", begrüßte er einen schon etwas ergrauten Touristen, der am Tisch neben uns saß. Der Mann reagierte nicht auf den Gruß. Stumm starrte er in eine Ecke des Restaurants.

Christian wirkte verändert, seit ich ihn in Hikkaduwa zuletzt gesehen hatte. Damals hatte er vor Gedanken und Einfällen nur so gesprüht. Oft hatten wir uns abends stundenlang auf Mr. Sirisenas Terrasse unterhalten. Er war schweigsamer und ernster geworden. Lustlos stocherte er in seinem Reis und Curry herum. Christian kam mir fremd vor.

Plötzlich stand der Grauhaarige am Nebentisch auf. Mit verwirrtem Blick starrte er uns an.

„Ich muss packen“; sagte er. „Ich muss nach Varanasi. Dort werde ich sterben. Man soll meine Leiche verbrennen und die Asche in den Ganges streuen. Heute ist ein guter Tag, um zu sterben.“

Christian schien sich über das merkwürdige Verhalten des Mannes nicht zu wundern.

„Noch einen Zug guten Stoff, Tom?“, fragte er gelassen. „Heute ist es schon zu spät, um nach Varanasi zu fahren. Morgen ist noch genug Zeit, um zu sterben.“

Der Grauhaarige setzte sich wieder und rauchte ein paar Züge. Seine Gesichtszüge entspannten sich. Wortlos stand er auf und verließ das Restaurant.

„Tom, ich schreib die Rechnung an“, rief der indische Kellner ihm nach. „Morgen ist übrigens ein guter Tag, um zu zahlen.“

„Die Leute nennen ihn Acid-Tom“, erzählte Christian. „Sie sagen, er hat in seinem Leben schon so viel LSD geschluckt, dass er von seinen Trips nicht mehr so ganz runter gekommen ist. Manchmal hat er lichte Momente. Dann kann man sich gut mit ihm unterhalten. Eigentlich ist er ziemlich intelligent. Aber dann driftet er wieder ab in seine eigene Welt.“

Christian blieb nicht lange an diesem Abend. Er fühle sich nicht besonders wohl, bedauerte er. Die Infektionen an seinen Beinen schmerzten. Ich versprach, ihm am

nächsten Tag eine Salbe zu bringen, die ich noch in meiner Reiseapotheke hatte.
Am Arambol Beach gefiel es mir gut. Hier war nicht so ein Trubel, wie am Strand von Chapora, und hier fand auch keine Fleischbeschauung durch indische Touristen statt. Ich beschloss, mich hier noch eine Weile aufzuhalten, bis ich lange genug in Indien war, um ein neues Visum für Sri Lanka zu bekommen. Eigentlich hatte ich vorgehabt noch weiter in den Norden Indiens zu reisen. Nach Rajasthan, vielleicht bis nach Nepal. Aber es zog mich zurück nach Sri Lanka. Ich wusste nicht, ob Suriya sich noch in Sinna Ullai aufhielt. Vielleicht war er längst in New York. Aber der Gedanke an ihn ließ mich nicht in Ruhe. Ich wollte Gewissheit haben, dass es ihm gut ging.
Am nächsten Tag machte ich mich mit der Salbe auf zu Christians Unterkunft. Die Tür war angelehnt und ich betrat den düsteren Raum. Christian lag auf seiner Matte. Sein Arm war abgebunden. Die Spritze hatte er noch in der Hand.
„Du hättest anklopfen können", begrüßte er mich. „Sieh das nicht falsch, ich bin kein Junkie. Das mach ich nur gelegentlich, wenn es mir nicht so gut geht."
Aber das glaubte ich ihm nicht. Ich ging und überließ ihn seinen Träumen.
In der nächsten Zeit sah ich Christian immer seltener. Die Infektionen an seinen Beinen verschlimmerten sich und entwickelten sich zu eiternden Wunden. Die meiste Zeit verbrachte er in seinem Zimmer. Er machte nicht mehr wie früher lange Strandspaziergänge. Christian hatte Schmerzen beim Gehen.
Ich freute mich darauf, nach Sri Lanka zurückzukommen. Die Leute in Goa, die anscheinend ständig auf irgendwelchen Drogen waren, langweilten mich. Partys waren die Hauptgesprächsthemen. Und zum Feiern fand sich

immer ein Grund, und wenn es auch nur der Sonnenuntergang am Abend war.
Wenn die Sonne tief über dem Meer stand versammelten sich die Traveller am Strand. Joints wurden herumgereicht.
„Bom Shiva, Bom Shankar," hörte man dann die Touristen andächtig gen Himmel rufen. Wahrscheinlich wussten die meisten überhaupt nicht, was das eigentlich bedeutete und fanden das Ritual einfach cool und irgendwie indisch. Tief sogen sie den Rauch ein, als könnten sie damit göttliche Weisheit inhalieren. Mir ging das zeremonielle Getue auf die Nerven.
Mein Aufenthalt in Goa neigte sich dem Ende zu. Christian hatte mich gefragt, ob ich ihn zu einer Vollmond-Party begleite.
„Ich muss mal wieder unter Leute", hatte er gesagt.
Eine letzte Party am Strand. Sie sollte mein Abschied von Goa sein.
Wie jeden Monat fand die Vollmond-Party an einem kleinen Strand statt, der auf der anderen Seite des Berges lag, der Arambol Beach begrenzte.
„Wir müssen über die Klippen am Meer", sagte Christian. „Auf der anderen Seite ist ein Süßwassersee, der bis an den Strand reicht. Dort findet die Party statt."
Schuhe konnte er nicht tragen, sie scheuerten zu sehr an seinen Wunden. Deshalb hatte er seine Füße mit Stoff umwickelt. Die Klippen, über die wir klettern mussten, waren scharfkantig. Muscheln waren an den Felsen festgewachsen. Immer wieder umspülten die Wellen unsere Füße. Das Salzwasser brannte in Christians Wunden wie Feuer. Sein Gesicht war schmerzverzerrt.
„Das desinfiziert", sagte er tapfer und versuchte zu lächeln.
Als wir das felsige Gelände hinter uns gebracht hatten, tat sich vor uns eine kleine Bucht auf. Eine frische Quelle

sprudelte aus einem Felsen und speiste den Süßwassersee, der durch einen breiten Sandstreifen vom Meer getrennt war.

Es hatten sich schon einige Touristen eingefunden. Die einen tummelten sich im Meer, andere im klaren Wasser des Sees. Manche lagen am Ufer oder am Strand und sonnten sich. Aus einem Kassettenrekorder klang Rockmusik aus den Siebzigern. Zwei junge Mädchen tanzten mit weit ausgebreiteten Armen wie in Trance am Strand.

Ich nahm erst einmal ein Bad in dem klaren, kühlen Wasser des Sees. Christian gesellte sich zu einer Gruppe Touristen, in der gerade ein Joint herumgereicht wurde.

Als die Sonne unterging wurde es still an dem kleinen Strand. Fasziniert beobachteten die Traveller den beeindruckenden Sonnenuntergang über dem Meer. Die Wellen färbten sich orange, blutrot bis hin zu dunklem Violett. Die meisten Partygäste hatten irgendwelche Drogen genommen. Die meisten LSD.

Als die Sonne untergegangen war, tauchte der Vollmond den Strand in ein fahles Licht. Silbrig glänzten die Wellen. Nur wenige Fackeln wurden entzündet. Der Schein des Mondes machte die Nacht fast taghell.

Acid-Tom war auch unter den Party-Gästen. Plötzlich stand er auf und ging wie hypnotisiert auf das Meer zu. Langsam schritt er durch die Wellen, bis er hüfttief im Wasser stand. Zwei Touristen folgten ihm und brachten ihn zurück an Land.

„Rauch erst mal einen, Tom. Du kannst dich auch Morgen noch ertränken."

Tom rauchte und fror. Es wurde kühl am Abend in Goa.

Neben mir im Sand saß ein junger Israeli. Er war nicht älter als höchstens achtzehn oder neunzehn Jahre. Verwundert beobachtete er die Szenerie.

„Ich bin erst vor zwei Tagen in Goa angekommen,“ erzählte er. „An den Stränden Sri Lankas war es irgendwie anders.“
Ich war froh, jemanden zu treffen, der mir Neuigkeiten über Sri Lanka berichten konnte.
„Im Moment hat sich die politische Situation beruhigt“, sagte der junge Israeli. „Sogar der Fährbetrieb zwischen Sri Lanka und Indien ist wieder aufgenommen worden. Aber man weiß nie, wie lange die Ruhe anhält.“
Das waren gute Nachrichten. Vielleicht waren die Soldaten an der Ostküste bereits abgezogen. Ich hoffte, dass Suriya und seine Brüder in Sicherheit waren.
„Eigentlich wollte ich mit meinem srilankischen Freund nach Indien reisen“, erzählte der Israeli. „Aber er konnte mich nicht begleiten. Für die meisten Srilanker besteht ein striktes Ausreiseverbot.“
Ich wusste, dass es Suriya nur mit der Hilfe des Doktors schaffen konnte, das Ausreiseverbot zu umgehen. Hoffentlich hatte der Doktor wirklich so gute Beziehungen, wie er behauptete.
Es war spät geworden. Die Vollmondnacht war ungewöhnlich kühl. Manche Partygäste lagen im Sand, träumten und froren. Andere tanzten noch immer am Strand, obwohl die Musik bereits verstummt war. Ich hatte nicht vor im Freien zu übernachten, aber der Weg zurück über die Klippen war schwierig im fahlen Mondschein.
Als der Morgen zu dämmern begann, machte ich mich zusammen mit dem jungen Israeli auf den Weg. Ich wollte mich noch von Christian verabschieden, aber der schlief zusammengekauert im Sand. Die ersten Sonnenstrahlen wärmten uns, als wir über die Klippen kletterten. Der Israeli begleitete mich noch bis zu meiner Unterkunft.
„Am liebsten würde ich auch zurück nach Sri Lanka reisen“, sagte er müde. „Die Drogenszene hier in Goa ist

nichts für mich. Eine merkwürdige Subkultur. Ich werde schon bald das Schiff nach Bombay nehmen."

Ich war voller Vorfreude, schon bald wieder in Sri Lanka zu sein. Aber zuerst musste ich schlafen, und ich träumte von Sinna Ullai, vom Krokodilfelsen und von Suriya.

# VII

Bis nach Rameswaram, von wo die Fähre nach Sri Lanka übersetzte, hatte ich eine weite Reise quer durch Indien vor mir. Dieses Mal wusste ich, worauf ich mich einließ, als ich einen „Sleeper“ buchte. In indischen Zügen konnte man Tage und Nächte reisen und wurde mit allem versorgt, was man unterwegs benötigte. Auf Bestellung wurde mir ein Reisgericht serviert, das in Bananenblätter eingewickelt war. Das Gemisch aus Reis und Gemüse sah zwar etwas merkwürdig aus, war aber sehr schmackhaft.

Auf den Bahnhöfen nutzten Händler den Aufenthalt der Züge, um die Abteile zu durchstreifen und den Reisenden Nahrungsmittel und Genussmittel zu verkaufen. Heißer Tee oder Kaffee wurde serviert, frische Früchte, Nüsse oder Süßigkeiten. Zigaretten wurden angeboten, und wer sich keine ganze Schachtel leisten konnte, der konnte die Glimmstängel auch einzeln kaufen.

Hier im Landesinneren Indiens traf man nur selten auf Touristen. Die Traveller bevorzugten auf ihren Reisen meist eine bestimmte Route, die in den Reiseführern beschrieben war und in der Traveller-Szene weiter empfohlen wurde. Weihnachten pilgerten sie nach Goa, der Wüstenstaat Rajasthan wurde im Frühling bevorzugt, wenn es dort noch nicht so unerträglich heiß war. Im Sommer flüchteten viele Traveller vor der Hitze in die Bergregionen Nepals. Die Orte, durch die ich auf dem Weg zur Fähre fuhr, standen in keinem Reiseführer.

Völlig erschöpft erreichte ich nach zweitägiger Zugfahrt den kleinen Küstenort Rameswaram.

Ich sehnte mich nach einem richtigen Bett, aber zuerst musste ich mich erkundigen, wann das nächste Fährschiff auslief. Niemand konnte mir eine klare Auskunft geben.

Es hatte wieder Anschläge in Sri Lanka gegeben, erfuhr ich. Der Fährbetrieb konnte jederzeit wieder eingestellt werden. Ich nahm mir ein Zimmer in der Nähe der Anlegestelle. Am nächsten Morgen wollte ich früh am Hafen sein.
Es war sieben Uhr morgens, als ein kleines Ruderboot mich zur Fähre übersetzte. Touristen waren nicht an Bord. Einheimische lauschten den Neuigkeiten, die über Transistor-Radios gesendet wurden. Ich konnte die Nachrichten nicht verstehen, aber ich konnte in den besorgten Gesichtern lesen, dass die Situation kritisch war. Stundenlang lag das Fährschiff vor Anker. Endlich, gegen Mittag wurde grünes Licht gegeben. Das Schiff lief aus in Richtung Sri Lanka.
Als nach Stunden die Küste der Insel in Sicht kam, war der Besatzung und den wenigen Passagieren an Bord Anspannung anzumerken. Dabei sah von Weitem alles so friedlich aus. Ohne Zwischenfälle wurden wir auf Ruderbooten an Land übergesetzt. Der Mann an der Abfertigung wies mich darauf hin, dass ich den Norden der Insel so schnell wie möglich verlassen sollte. Es habe erneut Bombendrohungen gegeben.
Die Fähre hatte sich um einige Stunden verspätet. Der Zug nach Colombo war bereits abgefahren, und bis zum nächsten Zug war noch lange Zeit.
Ich wusste, dass Suriyas Eltern in Mannar lebten. Der Ort war ganz in der Nähe. Wenn nach meiner Abreise in Sinna Ullai alles planmäßig verlaufen war, müssten sich Pathma und Ravi inzwischen in Mannar bei ihren Eltern aufhalten. Also beschloss ich, die Brüder aufzusuchen. Vielleicht hatten sie Nachricht von Suriya.
Es war nicht leicht, das Haus ausfindig zu machen. Mannar war kein Touristenort, niemand schien hier Englisch zu sprechen. Endlich fand ich doch einen jungen Mann, der die Familie kannte. Er führte mich zu einem Haus am

Rande des Ortes. Eine ältere grauhaarige Frau saß vor dem Eingang und knetete Teig in einer Blechschale. Erstaunt sah sie auf, als ich auf die Lehmhütte zukam.
Ich fragte nach Suriyas Brüdern und kurz darauf stand Ravi in der Tür.
„Wie kommst du denn nach Mannar," rief er erstaunt und begrüßte mich mit einer freudigen Umarmung, was die ältere Frau mit skeptischem Blick beobachtete.
Ravi stellte mich seiner Mutter vor. Nach ein paar erklärenden Worten, von denen ich nur den Namen Suriya verstand, lächelte sie freundlich und bat mich ins Haus. Auf einer Bastmatte saß Ravis Vater, ein alter Mann mit schneeweißem Haar. Mit zitternder Hand hielt er eine Schale Reis fest. Ravi bot mir an, auf einer anderen Matte Platz zu nehmen, und die Mutter verließ eilig das Haus.
„Sie geht Pathma holen," erklärte Ravi. „Er ist nicht weit von hier im Haus meiner Schwester."
Erleichtert, dass es den beiden gut ging, erkundigte ich mich nach Suriya.
„Wir wissen nicht, wie es ihm geht", antwortete Ravi besorgt. „Nachdem Moni und Ronaldo das Dorf verlassen hatten, haben irgendwelche Dorfbewohner Lügen über uns verbreitet. Sie behaupteten, unser Vater wäre ein wichtiger Mann bei den Tamil Tigers, und wir würden auch zu den Rebellen gehören. Mahinda konnte uns noch rechtzeitig warnen, bevor die Soldaten von den Gerüchten hörten. Pathma und ich haben noch in der selben Nacht das Dorf verlassen, und Suriya wollte sich irgendwo verstecken. Er wartete noch immer auf den Doktor, der seinen Pass und die Ausreisepapiere aus Colombo bringen wollte. Seitdem haben wir nichts mehr von Suriya gehört."
Inzwischen war auch Pathma eingetroffen. Die Mutter brachte uns Tee.

„Wir sind in großer Sorge“, sagte der ältere Bruder. „Auch von unserem Freund Mahinda, der auf dem Platz geblieben ist, haben wir keine Nachricht. Und wir können nicht an die Ostküste zurück, um herauszufinden, was mit Suriya geschehen ist. Falls er es geschafft hat, nach Amerika auszureisen, wird er uns sicher sofort aus New York schreiben. Jeden Tag warten wir auf Nachricht.“

Wir beratschlagten eine Weile, dann entschloss ich mich, trotz der politisch unstabilen Lage, nach Sinna Ullai zu fahren, um herauszufinden, was mit Suriya geschehen war.

„Das können wir nicht von dir erwarten“, wandt Pathma ein. „Es ist viel zu gefährlich.“

Aber mein Entschluss stand fest. „Von mir wollen die Soldaten nichts“, beruhigte ich die Brüder.

Die Familie bestand darauf, dass ich eine Nacht in Mannar blieb und mich ausruhte. Am nächsten Tag wollte ich weiterreisen.

„Du kannst ein Bad nehmen“, bot mir Ravi an. „Ich sage meinen Schwestern Bescheid. Sie werden dich begleiten.“

Es dauerte nicht lange, bis Ravi mit seinen beiden Schwestern zurückkam. Seine drei kleinen Nichten waren auch mitgekommen. Die beiden jungen Frauen sprachen kein Englisch und Ravi erklärte ihnen, wohin sie mich bringen sollten.

Nicht weit von der Ortschaft entfernt befand sich ein Stausee. Das trockene, karge Land im Norden wurde durch ein Bewässerungssystem von Seen fruchtbar gemacht. Auf den Feldern, die das Ufer säumten, bearbeiteten Bauern mit ihren Ochsenkarren den Boden.

Ich sah mich um, aber ich konnte keine Stelle am Ufer entdecken, wo ich unbeobachtet baden konnte. Doch die Schwestern hatten vorgesorgt. Die Jüngere wickelte ein

großes Tuch um ihren Körper, entledigte sich darunter ihrer Kleidung und sprang mitsamt dem Stoff ins Wasser. Die Ältere reichte mir und den Mädchen ebenfalls Tücher und forderte mich auf, es ihrer Schwester gleich zu tun. Das Wasser war herrlich erfrischend. Fröhlich planschten die Mädchen in Ufernähe. Ich versuchte ein wenig zu schwimmen, was mit dem nassen Tuch am Körper gar nicht so einfach war. An der Böschung stand die ältere Schwester und achtete darauf, dass niemand unser Bad störte.
Plötzlich sah ich Ravi, der eilig über einen Feldweg auf unsere Badestelle zurannte. Aufgeregt rief er seiner Schwester etwas zu. Es musste sich um eine wichtige Nachricht handeln. Die Schwester begann hektisch mit den Armen zu fuchteln, um mir anzudeuten, dass ich aus dem Wasser kommen sollte.
„Du musst sofort abreisen“, rief Ravi völlig außer Atem. „Beeil dich, sonst ist es zu spät.“
„Was ist passiert“, fragte ich, während ich mit dem nassen Tuch aus dem Wasser stieg.
„Ein Attentat. Im Zug nach Colombo ist eine Bombe explodiert. Es hat Tote gegeben und viele Verletzte. Die Zugverbindung nach Colombo wurde eingestellt. Verstehst du, es fahren keine Züge mehr, nur noch ein paar Minibusse. Wenn du die verpasst, kommst du hier nicht mehr weg. Lauf mit meiner Schwester zur Bushaltestelle. Ich hol inzwischen dein Gepäck.“
Schnell schlüpfte ich in meine Kleidung und rannte mit Ravis Schwester zurück in die Stadt.
Auf dem Busbahnhof war Chaos ausgebrochen. Nur noch zwei Minibusse standen auf dem Parkplatz, und die waren hoffnungslos überfüllt. Ravi, der kurz nach uns mit meinem Gepäck ankam, redete auf die Fahrgäste ein, aber es war einfach nicht möglich, noch näher zusammen zu rücken.

„Einen Geldschein“, rief mir Ravi zu. „Gib mir schnell einen Geldschein. Rupien, Dollar, ganz egal.“
Ich zog ein paar Scheine aus meiner Tasche. Ravi hielt die Banknoten mit ausgestrecktem Arm ins Innere des Busses, und diese Taktik zeigte Wirkung. Ein Mädchen, sie mochte vielleicht 16 Jahre alt gewesen sein, griff sich die Scheine, zog mich am Arm in den Bus und gab ihren Platz frei. Sie selbst setzte sich auf den Schoß des Mädchens, das neben ihr saß. Ravi konnte mir gerade noch mein Gepäck hinterher schieben und schon fuhr der Minibus los.
Ich hielt den Rucksack auf meinen Knien, und die Mädchen versuchten eine einigermaßen bequeme Stellung zu finden. Wir hatten eine lange Fahrt vor uns.
Doch schon nach wenigen Kilometern wurde der Bus angehalten. Ein Baumstamm versperrte die Straße. Soldaten mit Maschinengewehren umringten das Fahrzeug und befahlen uns, auszusteigen. Das Gepäck wurde genau durchsucht. Dann durften die Frauen wieder einsteigen. Die männlichen Fahrgäste wurden noch einer Leibesvisitation unterzogen, obwohl unter der spärlichen Bekleidung der Männer, nicht viel zu verstecken war.
Schnell nutzten die Frauen ihren Vorsprung, um sich im Bus die besten Plätze zu sichern. Auch die beiden Mädchen kamen auf diese Weise wieder zu Sitzplätzen. Sie zählten die Scheine, die ihnen Ravi gereicht hatte und teilten das Geld unter sich auf. Zwei Männer wurden von den Soldaten abgeführt, die anderen durften schließlich wieder einsteigen. Dass der Bus völlig überfüllt war, daran störten sich die Soldaten nicht.
Wir fuhren durch eine trockene, ausgedorrte Landschaft. Es war Abend, die Sonne stand schon tief. Wieder eine Nacht im Bus. Ich war so unendlich müde.
Im Morgengrauen erreichten wir Colombo. Die Stadt hatte für mich nichts Fremdes, nichts Bedrohliches mehr.

Sie war mir vertraut, die Straßen, die Häuser, die Teeshops, die Gerüche, das Menschengedränge und das Verkehrschaos.
Ich hatte einiges in Colombo-Fort, dem Geschäftsviertel der Stadt, zu erledigen. Hier befanden sich die Bankgebäude, Kaufhäuser und das General-Post-Office, in dem man Telefonate ins Ausland führen konnte. Es dauerte zwar einige Zeit, bis ich eine Verbindung nach Deutschland bekam, aber dann hörte ich, leise und weit entfernt, die vertraute Stimme meiner Mutter. Sie war in großer Sorge. Fast täglich sendeten die Nachrichten in Deutschland Bilder vom Bürgerkrieg in Sri Lanka. Meine Mutter war über die politische Situation besser informiert, als ich.
„Ich komme bald nach Hause“, versuchte ich sie zu beruhigen.
Völlig erschöpft von den nächtlichen Fahrten setzte ich mich in den schattigen Arkadengang eines großen Kaufhauses auf den Boden. Mit einem Tuch wischte ich mir den Schweiß von der Stirn und legte das Tuch achtlos neben mir auf den Boden. Für einen Moment lehnte ich den Kopf zurück und schloss die Augen. Ich dachte an zu Hause, an meine Familie, an Freunde, ein Schaumbad, ein bequemes Bett, richtiges Brot, Käse und ein Glas kühlen Weißwein ... Doch schon bald riss mich die Stimme eines Touristen aus meinen Träumen. Der Mann sprach Englisch.
„Sieh dir das an, Elisabeth. Einfach abscheulich, diese verwahrlosten Hippiemädchen.“
Ich öffnete die Augen. Vor mir stand ein elegant gekleidetes, älteres Paar. Die Frau sah mich einen Moment lang mitleidig an. Dann legte sie einen Geldschein auf das Tuch, das neben mir auf dem Boden lag.
„Du solltest diese drogensüchtigen Aussteiger nicht auch noch unterstützen“, schimpfte ihr Mann, und bevor ich

etwas entgegnen konnte, waren das Paar im Eingang des Kaufhauses verschwunden.
Erstaunt sah ich an mir herunter. Der Mann hatte doch tatsächlich mich gemeint. Zugegeben, meine Kleidung hatte auf der langen Reise wirklich etwas gelitten. Die Füße steckten in handgearbeiteten Lederschlappen, die ich in Indien gekauft hatte. Die Haare waren zerzaust und von Sonne und Salzwasser ausgebleicht. Meine Haut war braungebrannt und an den Beinen sah man rote Flecken von Insektenstichen, die sich auf der langen Fahrt entzündet hatten. Ich hatte wirklich eine Dusche und einen Kleiderwechsel dringend nötig. Ich beschloss, mir ein Zimmer in der Nähe des Busbahnhofs zu nehmen und mich erst einmal auszuruhen. Nach ausgiebiger Körperpflege legte ich mich auf das bequeme, weiß überzogene Bett und fiel in einen tiefen Schlaf.
Es war schon Abend, als ich wieder erwachte. Ich musste mich beeilen, um den Mitternachts-Express zur Ostküste zu erreichen. Der Schlaf hatte mir gut getan. Ich fühlte mich erfrischt und ausgeruht. So konnte ich eine weitere Nacht im Bus gut überstehen. Ich dachte an Suriya. Natürlich hätte ich ihn gern noch einmal wieder gesehen, vielleicht hielt er sich immer noch irgendwo versteckt. Andererseits wäre es besser, er würde sich nicht mehr in Sri Lanka aufhalten. Vielleicht war er ja inzwischen schon längst in New York.

*

Ich erreichte den Mitternachts-Express gerade noch rechtzeitig, suchte mir einen Platz und sah aus dem Fenster. Ein Tourist drängte sich über den Busbahnhof. Er kam nur langsam vorwärts, denn außer seiner Reisetasche trug er noch ein großes Surfbord unter dem Arm. Rücksichtslos schob er damit die Passanten zur Seite, die ihm im Weg waren. In letzter Sekunde erreichte er den Bus, aber da schon fast alle Plätze besetzt waren und im Mittelgang Taschen und Körbe standen, weigerte sich der Fahrer, ihn mit seinem riesigen Gepäckstück einsteigen zu lassen. Der Surfer stellte einen Fuß in die Tür, die Spitze seines Bords ragte bereits ins Innere des Busses. Aggressiv und drohend redete er auf den Fahrer ein, und an seinem Akzent erkannte ich, dass er Australier war. Er war groß, bestimmt einen Kopf größer als der Fahrer. Sein Körper war muskulös und durchtrainiert, aber der Busfahrer, ein schmächtiger, hagerer Mann, ließ sich davon nicht beeindrucken. Um so lauter der Australier sprach, desto sturer wurde sein Gegenüber.

„Das Brett braucht so viel Platz, wie zwei Männer", behauptete der Busfahrer. „Du musst drei Tickets kaufen."

Nach langer Diskussion, die die Fahrgäste interessiert verfolgten, entschloss sich der Australier schließlich, den Preis zu bezahlen. Schimpfend wuchtete er sein Surfbrett in den Bus und kam direkt auf mich zu, denn neben mir war noch ein Platz frei.

„Die nehmen einen aus, wo sie nur können", beschwerte er sich, als er neben mir Platz nahm.

Sein Name war Nick. Er hatte das gleiche Fahrtziel wie ich. In Sinna Ullai war er mit seinen australischen Freunden zum Surfen verabredet.

„Meine Kumpels sagten, dass dort super Wellen in einer Bucht am Strand entlang laufen", erklärte er. „Nur deshalb fliegen sie jedes Jahr nach Sri Lanka. Als ob wir in Australien nicht auch gute Strände hätten. Sri Lanka ist ja ganz schön, und man kann hier billig Urlaub machen, wenn nur diese bescheuerten Einheimischen nicht wären."

„Seit wann sind deine Freunde an der Ostküste?", fragte ich ihn.

„Etwa zwei Wochen."

Also waren doch Touristen im Dorf. Ich war erleichtert. Vielleicht waren die Soldaten längst abgezogen. Bestimmt war alles wieder ruhig und friedlich. Die Regenzeit war vorbei, eine neue Saison hatte begonnen.
Es war inzwischen dunkel geworden. Die meisten Fahrgäste hatten sich schon für die Nacht in eine möglichst bequeme Stellungen gebracht. Ich zog meinen Lungi aus der Tasche, faltete ihn zusammen wie zu einem Kissen, und benutzte ihn als Polster für meinen Kopf, den ich gegen die Fensterscheibe lehnte. Ich wollte versuchen, ein wenig zu schlafen.
Irgendwann in der Nacht wurde ich von lauten Stimmen aus dem Schlaf gerissen. Der Bus hatte angehalten, draußen war es stockdunkel. Ich konnte nichts sehen, aber ich hörte die Stimme eines Mannes, der in Befehlston irgend etwas rief. Die Fahrgäste standen auf, nahmen ihr Gepäck und drängten zum Ausgang. Ein Militärfahrzeug versperrte vor dem Bus den Weg. Verschlafen reihte ich mich in die Menschenschlange ein. Der Australier blieb gelangweilt sitzen.
„Das geht doch uns nichts an", sagte er gähnend und versuchte weiterzuschlafen.
Die Fahrgäste stellten sich auf der dunklen Straße in einer Reihe auf und ließen die Durchsuchung über sich ergehen. Ein Soldat leuchtete mir mit einer Taschenlampe ins Gesicht. Mein Gepäck durchsuchte er nicht. Ein anderer Soldat, er war bestimmt nicht älter als 18 Jahre, betrat mit angelegtem Gewehr den Bus. Kurz darauf war ein Wortwechsel zu hören. Nicks Stimme klang aggressiv. Nur das nicht, dachte ich. Leg dich nicht mit den Soldaten an. Mehrmals forderte der junge Singhalese Nick auf, auszusteigen, aber der Australier weigerte sich stur. Die Stimmen wurden gereizter, bis der Soldat den Touristen schließlich wütend anbrüllte. Aber Nick hatte nicht vor, nachzugeben: „Fuck you, I´m ..." Mitten im

Satz herrschte plötzlich Schweigen. Die Soldaten auf der Straße hielten in der Durchsuchung der Fahrgäste inne. Die Einheimischen starrten auf den Eingang des Busses. Kurz darauf erschien Nick in der Tür. Er hatte die Hände hinter dem Kopf verschränkt, der Lauf des Gewehres war auf seinen Hinterkopf gerichtet.

„Go!“, schrie der Soldat Nick an und stieß ihn mit einem Fußtritt die Stufen hinunter. Der Australier stolperte und landete auf der Straße auf seinen Knien, die Hände immer noch hinter dem Kopf verschränkt. Der Uniformierte hielt Nicks Reisetasche in der Hand und kippte den Inhalt auf den Asphalt. Nick bewegte sich nicht. Schweigend hielt er den Blick zu Boden gesenkt. Für einen Moment verschwand der Soldat im Bus, dann kam er mit dem Surfbrett unter dem Arm wieder. Er zog ein Messer aus seiner Tasche und stach mehrmals auf das Bord ein. Dann warf er es in den Straßengraben. In dem Moment hob Nick den Kopf, und sofort presste der Soldat den Lauf seines Gewehres gegen die Stirn des Australiers.

Einen quälend langen Moment herrschte Todesstille. Ich hielt den Atem an. Dann hörte ich die Stimme eines anderen Soldaten. Er war älter, als sein Kamerad. Die Worte konnte ich nicht verstehen, aber der Tonfall war ruhig und gefasst. Das einzige, das ich verstehen konnte, war das Wort „Tourist“, wobei er eine abfällige Bewegung in Richtung des Australiers machte.

Nick warf mir heimlich einen Blick zu. Ich senkte den Kopf zu Boden und hoffte, er würde es genauso tun. Nervös trippelte der junge Soldat von einem Fuß auf den anderen, den Gewehrlauf immer noch auf Nicks Kopf gerichtet.

Beruhigend legte der ältere Uniformierte seinen Arm um die Schulter seines jungen Kameraden und redete beschwörend auf ihn ein. Schließlich ließ der Soldat den Gewehrlauf sinken und folgte dem älteren zu dem Mili-

tärfahrzeug. Wir wurden aufgefordert, schnell in den Bus einzusteigen.
Ich half Nick, der immer noch auf der Straße kniete, aufzustehen. Seine Hände zitterten. Widerspruchslos ließ er sich zu seinem Platz führen, ohne sich um sein Gepäck oder das Surfbrett zu kümmern, das immer noch im Straßengraben lag. Langsam fuhr der Bus an dem Militärfahrzeug vorbei.
Auf der weiteren Fahrt sprach Nick kein Wort. Er starrte auf die Rückenlehne des Sitzes vor ihm., bis wir unser Ziel an der Ostküste erreichten.

*

In der Stadt ging das Leben seinen geregelten Gang. Soldaten waren auf der Straße nicht zu sehen, nur an der Brücke, über die der Weg nach Sinna Ullai führte, stand ein Posten im Schatten eines Baumes. Er beachtete uns nicht.
Das Dorf war wie ausgestorben. Weder Einheimische, noch Touristen waren auf der Straße zu sehen. Die Cabanas, die zu beiden Seiten die Straße säumten, waren in einem miserablen Zustand. Anscheinend waren nach dem Monsun nicht mehr viele Touristen hierher gekommen. Man hatte die Cabanas, die in der Regenzeit Schaden genommen hatten, nicht repariert.
„Was für ein gottverlassenes Nest“, murrte der Australier. „Warum um alles in der Welt reisen meine Kumpel hierher, um zu surfen?“
Ich zeigte ihm den Weg zur „Surfer´s Lodge“. Dort würde er sicher seine Freunde finden.
Mit gemischten Gefühlen aus Freude und Angst bog ich in den Platz der Brüder ein. Das Schild, das am Eingang gehangen hatte, war entfernt. Im Restaurant war niemand zu sehen, und es standen auch nicht wie sonst Öllichter

auf den Tischen. Ich betrat die Küche. Der Wasserkessel, der über der Feuerstelle hing, war noch heiß. Benutzte Tassen standen auf dem Tisch. Irgend jemand hatte vor kurzem Tee gekocht.
Als ich auf den Cabana Platz hinter dem Restaurant kam, bot sich mir ein Bild der Verwüstung. Die Hütten waren zerstört. Von einigen standen nur noch die Bambusgerippe. Nur eine Cabana sah bewohnbar aus. Sie war offenbar erst vor kurzem ausgebessert worden. Die geflochtenen Palmblätter waren teilweise noch grün. Ich öffnete die Tür. Das Innere war gemütlich eingerichtet. Bilder und Tücher hingen an den Wänden, und auf einem kleinen Tisch stand eine Vase mit frischen Blumen. So richtete nur einer seine Cabana ein. Micha musste auf dem Platz wohnen.
Ich ging weiter zum hinteren Bereich, wo sich Suriyas kleiner Tempel befand. Das Dach war zusammengebrochen. Ich schlüpfte unter den herunterhängenden Palmblättern ins Innere, und auch hier bot sich mir ein Bild der Zerstörung. Die Buddhastatue aus Jade fehlte, die Bilder an der Wand waren zerrissen, und auf dem Boden lag die Shiva Statue und war zerbrochen. Ich schob die Palmwedel zu Seite. Die Kiste, in die Touristen verschiedene Gegenständen gelegt hatten, war noch da. Jedoch hatte man alles, das einen materiellen Wert hatte, geplündert. Die Geldscheine, die Schmuckstücke, selbst die Haarspange fehlte. Nur ein paar vom Regen aufgeweichte Fotos hatten die Plünderer übrig gelassen, und ganz unten in der Kiste fand ich Swamis Zeichnung. Ich nahm sie an mich.
„Sie haben alles zerstört, nachdem die Brüder abgereist waren“, hörte ich Mahindas Stimme und war froh, wenigstens ihn hier anzutreffen.
„Wo ist Suriya?“, fragte ich den Singhalesen. „Geht es ihm gut?“

„Er ist in Sicherheit. Nicht weit weg von hier. Wir warten jeden Tag darauf, dass der Doktor die Papiere aus Colombo bringt."
„Ich möchte ihn sehen."
„Das geht nicht. Man könnte dir folgen. Auch ich besuche ihn nicht in seinem Versteck. Sie beobachten genau, wohin ich gehe."
Mahinda war erleichtert zu hören, dass Pathma und Ravi es unversehrt bis in den Norden zu ihrer Familie geschafft hatten.
„Sie machen sich große Sorgen um Suriya", berichtete ich. „Warum hast du ihnen keine Nachricht geschickt?"
„Das konnte ich nicht", antwortete Mahinda. „Die Soldaten haben mir viele Fragen gestellt. Ich habe gesagt, dass ich nicht weiß, wo die Brüder sind. Einen Brief nach Mannar zu schicken hätte alles verraten."
„Und wie geht es Micha?", fragte ich.
Zunächst wunderte sich der Singhalese, dass ich von Michas Aufenthalt auf dem Platz wusste.
„Ich habe seine Cabana gesehen", erklärte ich.
„Es ging ihm in letzter Zeit sehr schlecht", erzählte Mahinda. „Aber jetzt hat er das Schlimmste überstanden."
Micha hatte mehr oder weniger zwangsläufig einen Entzug gemacht.
„Als er nach Sinna Ullai zurückkam, wusste er nichts von den Straßensperren und Militärkontrollen. Fast wäre er mit Heroin im Gepäck erwischt worden. Er konnte den Stoff gerade noch rechtzeitig in der Dunkelheit aus dem Busfenster werfen", erzählte Mahinda. „Hier im Dorf bekommt man keine Drogen mehr. Es ist viel zu gefährlich, etwas durch die Kontrollen zu schmuggeln. Micha wollte mit dem nächsten Bus wieder abreisen, aber als er hörte, was passiert war und den Zustand des Platzes sah, hat er sich entschlossen, zu bleiben. Er will mir helfen, die Cabanas wieder aufzubauen. Micha sagt, dass be-

stimmt schon bald wieder Gäste kommen werden. In der Stadt sind die meisten Soldaten wieder abgezogen worden. Hier im Dorf sieht man sie nur noch sehr selten. Manchmal kontrolliert eine Patrouille nachts den Strand."
Wie ich erfuhr, hatte die Armee das Haus, das Ronaldo am Dorfrand gebaut hatte, beschlagnahmt. Der singhalesische Freund des Italieners hatte es nicht verhindern können. Jetzt wohnte ein Vorgesetzter der Soldaten darin.
„Ronaldo wird das Haus wohl nicht wiederbekommen", sagte Mahinda. „Ausländer dürfen hier kein Land besitzen."
Micha und Mahinda wollten das Restaurant und den Platz wieder eröffnen. Der Singhalese war ein guter Koch, und Micha war handwerklich sehr geschickt. Er hatte Suriya oft geholfen, die Cabanas zu reparieren, wenn sie nach dem Monsun beschädigt waren.
„Es tut Micha gut, wenn er Pläne und eine Aufgabe hat", meinte Mahinda. „Und ich kann seine Hilfe sehr gut gebrauchen."
Die Honeymoon-Suite am Eingang des Platzes war zwar beschädigt, aber einigermaßen bewohnbar. Mahinda trug mein Gepäck die Leiter hinauf.
„Gleich morgen fangen wir damit an, das Dach zu reparieren", versprach er.
Es war ungewohnt von meinem Nachtlager aus die Sterne durch ein großes Loch im Dach betrachten zu können. Zum Glück waren keine Affen da. Sie hätten durch die Öffnung leicht ins Innere springen können, und die frechen Gesellen waren mir nicht ganz geheuer. Ich dachte an Suriya. Er hatte es immer geliebt, im Freien unter dem Sternenhimmel zu schlafen.
Als ich Micha am nächsten Morgen traf, erschrak ich. Er war abgemagert, seine Gesichtszüge eingefallen, und er ging gebückt, so als hätte er Schmerzen. Trotzdem mach-

te er sich sofort an die Arbeit, das Dach meiner Cabana zu reparieren.
„Die Brüder wären sehr stolz auf dich“, hörte ich Mahinda zu ihm sagen, und Micha lächelte.
Ich kaufte die Lebensmittel für das Abendessen ein. Mahinda verließ den Platz nur ungern. Die Dorfbewohner benahmen sich ihm gegenüber feindselig. Er wurde von ihnen als „Tamilen-Freund“ beschimpft, seit er Suriyas Platz übernommen hatte. Ich hingegen wurde sehr zuvorkommend behandelt. Den Ladenbesitzern war daran gelegen, dass die wenigen Touristen, die im Dorf wohnten, sich wohl fühlten und möglichst lange blieben.
Am Nachmittag ging ich zum Strand. Ich hatte fast vergessen, wie wunderschön diese Bucht war, wenn das Meer nicht vom Monsun aufgewühlt war. Es hielten sich nur wenige Touristen am Strand auf. Ein paar Surfer waren weit draußen zu sehen.
Mahinda hatte mir inzwischen anvertraut, wo Suriya sich versteckt hielt. Er war nur wenige Kilometer von hier entfernt, und er wusste nicht, dass ich ganz in seiner Nähe war. Am liebsten wäre ich sofort zu ihm gelaufen. Suriya versteckte sich auf dem Krokodilfelsen.
Wenige Tage später kam endlich die langersehnte Nachricht. Der Doktor war aus Colombo angereist. Er hatte erfahren, dass ich mich auch im Dorf aufhielt und schickte einen singhalesischen Jungen, um mich für den Abend zum Essen einzuladen.
Kurz nach Sonnenuntergang betrat ich den Platz, auf dem der Doktor wohnte. Der junge Koch trug Fischspezialitäten auf, und natürlich durfte auch eine Flasche Arrak nicht fehlen. Nach dem Essen schickte der Doktor seinen Koch nach Hause. Wir waren allein. Gäste wohnten zur Zeit nicht auf dem Platz. Der Doktor schob ein Kuvert über den Tisch.

„Hier ist alles drin, was Suriya für seine Ausreise braucht. Ihr müsst ihm die Papiere bald bringen. Der Flug ist bereits gebucht. Es bleiben nur noch wenige Tage Zeit.“
Ich verstaute das Briefkuvert in meiner Tasche.
„Suriya muss sehr vorsichtig sein“, mahnte der Doktor. „Hier im Dorf und in der Stadt darf er sich nicht sehen lassen. Er wird immer noch gesucht. Er muss woanders in den Mitternachts-Express zusteigen. Auf der Busfahrt und in Colombo soll er sich möglichst nicht als Tamile zu erkennen geben. Er könnte Schwierigkeiten bekommen. Am besten, er spricht mit niemandem. Seine Sprache könnte ihn verraten. In der Hauptstadt soll er sich nicht lange auf der Straße aufhalten. Ein Freund wird ihn am Busbahnhof in Colombo erwarten. Du hast Fernandez im Angel Club kennen gelernt. Er wird Suriya mit dem Motorrad zum Flughafen bringen. Sag meinem Freund, ich werde die Gespräche mit ihm sehr vermissen“, trug mir der Doktor beim Abschied noch auf.
Mahinda und Micha erwarteten mich schon gespannt.
„Der Doktor konnte die Papiere besorgen“, beruhigte ich sie. „Suriyas Ausreise steht nichts mehr im Weg. Jetzt müssen wir ihm nur noch unbemerkt die Papiere zum Krokodilfelsen bringen.“
„Ich werde noch heute Nacht gehen“, schlug Mahinda vor.
„Wenn dich die Nachtpatrouille erwischt, war alles umsonst“, wandt ich ein.
„Aber tagsüber kann ich auch nicht unbemerkt bis zum Ende der Bucht gehen.“
„Du nicht, aber ich“, sagte ich entschlossen. „Ich mache oft lange Strandspaziergänge. Manchmal zu dem kleinen Teeshop oder noch weiter über die Bucht hinaus. Das ist nichts Ungewöhnliches. Touristen vertreiben sich so die Zeit, Einheimische tun das nicht.“

„Sie hat Recht", stimmte Micha zu. „Mir ist auch noch nie jemand gefolgt, wenn ich am Strand spazieren gegangen bin."
Widerwillig stimmte Mahinda zu. Es waren noch ein paar Vorbereitungen zu treffen. Micha hatte in der Stadt eine Hose und ein Hemd für Suriya gekauft.
„Damit wird er in Colombo nicht auffallen", sagte er. „Außerdem kann er wohl schlecht im Lungi nach New York fliegen. Es ist kalt dort, um diese Jahreszeit."
Mahinda holte eine Schere aus der Küche.
„Du musst ihm die Haare schneiden", trug er mir auf. „Kein Singhalese in Colombo trägt so lange Haare."
Wir packten noch etwas Proviant und Geld ein und gingen schlafen. Ich musste am nächsten Tag früh aufbrechen.

*

In Strandkleidung machte ich mich am nächsten Morgen auf den Weg. Ein paar Touristen lagen in der Sonne. Ich hatte sie noch nie gesehen. Wahrscheinlich waren sie neu angekommen. Eine Gruppe Fischer zog mit vereinten Kräften einen Katamaran an Land. Das mächtige Auslegerboot war schwer. Sie waren mit ihrer Arbeit beschäftigt und beachteten mich nicht. Langsam schlenderte ich am Meer entlang, bis ich den kleinen Teeshop am Ende der Bucht erreichte. Es waren keine Gäste da. Der einheimische Junge, der die Surfbretter bewachte, döste in einer Hängematte. Nur noch ein paar Meter, dann hatte ich die Stelle erreicht, an der der Strand eine Biegung machte. Danach konnte man mich vom Dorf aus nicht mehr sehen. Ich sah mich um. Der Katamaran war inzwischen an Land gezogen. Die Fischer waren damit beschäftigt, ihren Fang zu sortieren. Niemand hatte mich beobachtet, trotzdem wartete ich hinter der Strandbie-

gung eine Zeit lang, ob mir jemand folgte. Dann trat ich den Fußmarsch zum Krokodilfelsen an.
Ich dachte an Swami. In meinen Gedanken konnte ich den verrückten Alten am Strand entlang tänzeln sehen. Und ich dachte an die Nacht mit Suriya auf dem Krokodilfelsen und konnte es kaum erwarten, ihn wiederzusehen.
Aber je weiter ich mich vom Dorf entfernte, um so näher ich dem Felsen kam, desto mehr beschlich mich die Angst, die Soldaten könnten Suriyas Versteck ausfindig gemacht haben.
Endlich tauchte der mächtige schwarze Felsen in der Ferne auf. Vorsichtig schlich ich am Rande des Dschungels entlang, bis ich das Ufer des Sees erreicht hatte. Es war kein Mensch zu sehen, nur ein Krokodil, das auf dem schmalen Sandstreifen zwischen dem See und dem Meer in der Sonne döste. Der Aufstieg zur Höhle war nur an dieser Stelle möglich, aber wie sollte ich an dem Tier vorbeikommen? Es war, als würde das Krokodil den Felsen bewachen.
Neben mir im Sand lag eine ausgedorrte Kokosnuss. Ich hob sie auf und warf sie mit aller Kraft in Richtung des Felsens. Die Nuss landete neben dem Schwanz des Krokodils im Sand. Blitzschnell drehte das Reptil sich um und schnappte zu. Einen Moment lang blieb es regungslos liegen. Dann trottete das Krokodil gemächlich zum Ufer des Sees und ließ sich ins Wasser gleiten.
Der Weg war frei. Eilig lief ich über den Strand zum Felsen und kletterte die steile, glatte Wand hinauf, bis zu dem Felsvorsprung, über dem sich die Höhle befand. Vorsichtig streckte ich meinen Kopf über die Kante. Es war kein Mensch zu sehen, nur ein paar leere Kokosnussschalen verrieten, dass sich jemand hier vor kurzem aufgehalten hatte. Das Fruchtfleisch war noch frisch.

Vorsichtshalber versteckte ich mich in einer Felsnische und wartete. Es dauerte nicht lange bis ich hörte, wie jemand den Felsen hinaufstieg. Steine lösten sich beim Klettern und rollten die Felswand hinunter oder klatschten ins Wasser des Sees.
Ängstlich drückte ich mich noch weiter in die Felsspalte. Der Kletterer hatte inzwischen die Plattform vor der Höhle erreicht. Vorsichtig warf ich einen kurzen Blick aus meinem Versteck. Ich erkannte sofort seine lockige Mähne. Er trug einen Bart und war etwas schmaler geworden, aber es schien ihm gut zu gehen. Suriya lächelte. Gerade wollte ich mich zu erkennen geben, da hörte ich seine vertraute Stimme: „Ich habe gehofft, dass du zurück kommst, bevor ich das Land verlasse."
Ich trat aus der Felsnische heraus. „Wie hast du bemerkt, dass ich hier bin?"
„Die Fußspuren im Sand waren nicht zu übersehen", lachte er.
Mit langsamen Schritten kam Suriya auf mich zu.
„Es hätten Spuren von Einheimischen sein können, vielleicht von Soldaten."
„Die haben nicht so kleine Füße, und sie tragen auch nicht solche Schuhe", sagte er und nahm mich in die Arme.
Ich verbrachte einen Tag und eine letzte Nacht mit Suriya auf dem Krokodilfelsen. Am nächsten Tag musste ich zurück nach Sinna Ullai. Der Plan für seine Abreise war besprochen. Ich hatte beschlossen, ihn auf der Fahrt nach Colombo zu begleiten Die letzten Vorkehrungen mussten getroffen werden. Ich verpasste ihm eine Kurzhaarfrisur, so gut ich es eben konnte. Den Bart stutzte er nur etwas. Er sah wirklich sehr verändert aus.
„Leg eine Locke in die Truhe im Tempel", bat er mich. „So wird ein Teil von mir immer hier sein."

Ich erzählte ihm nicht, dass sein Tempel zerstört und geplündert worden war.
Um die Mittagszeit brach ich auf. Es gelang mir, unbemerkt zurück ins Dorf zu kommen. Micha und Mahinda erwarteten mich schon ungeduldig.
Suriya musste noch am selben Tag vom Krokodilfelsen aufbrechen. Er hatte einen langen Fußmarsch vor sich. Zunächst musste er in sicherem Abstand am Dorf und an der Stadt vorbei. Er durfte keine Wege benutzen, sondern musste sich durch den Dschungel schlagen. Bis zum nächsten Dorf, in dem er in den Bus nach Colombo zusteigen wollte, war es weit. In diesem Dorf kannte ihn niemand, und dort wurde er auch nicht gesucht. Trotzdem war es besser, wenn er auf der Busfahrt nicht als Tamile erkannt wurde. Zwar wurde nicht gleich jeder Tamile, der durch das Land reiste, verhaftet, aber man könnte ihm Schwierigkeiten machen. Er könnte aufgehalten werden und seinen Flug nach Amerika verpassen. An seinem Aussehen war nicht eindeutig zu erkennen, ob er Tamile, oder Singhalese war. Aber seine Sprache konnte ihn verraten. Deshalb hatten wir vereinbart, dass ich im Notfall das Sprechen für ihn übernehmen würde. Seinen Pass und das Ticket bewahrte ich in meiner Brusttasche auf. Im Falle einer Kontrolle durften die Soldaten die Papiere nicht bei ihm finden. Ich war bei den Kontrollen noch nie durchsucht worden.
Ich brach erst am Abend des nächsten Tages auf. Der Mitternachts-Express war nicht voll besetzt, und ich stellte meinen Rucksack auf den Platz neben mir. Am Ortsausgang wurden wir von Soldaten kontrolliert. Alle Fahrgäste mussten aussteigen. Das Gepäck wurde durchsucht. Aber es gab keine Zwischenfälle. Schon kurze Zeit später konnte der Bus weiterfahren.
Es wurde bereits dunkel. In gut einer Stunde würden wir das Dorf erreichen, in dem Suriya in den Bus zusteigen

wollte. Ich hoffte, dass er sich inzwischen bis dorthin durchgeschlagen hatte. Aufmerksam sah ich mich im Bus um. Ich konnte kein bekanntes Gesicht entdecken. Viele der Dorfbewohner von Sinna Ullai kannte ich inzwischen. Aber offenbar waren die Fahrgäste nicht aus dem Dorf, sondern aus der Stadt. Es bestand immer noch die Gefahr, dass jemand im Bus Suriya erkennen würde.
Endlich erreichten wir die Haltestelle, an der Suriya zusteigen wollte. Die Busstation war nicht beleuchtet, und ich konnte nur schemenhaft die wartenden Fahrgäste im Dunkeln sehen. Angespannt beobachtete ich, wie sie einstiegen. Endlich erschien Suriya in der Tür. Wortlos reichte er dem Fahrer einen Geldschein.
„Colombo?“, fragte der Kassierer.
Suriya wackelte mit dem Kopf. Ich stellte mein Gepäck auf den Boden, damit er neben mir Platz nehmen konnte. Selbst wenn ein Bekannter sich im Bus befunden hätte, hätte er Suriya in seinen langen Hosen und dem Hemd, mit den kurzen Haaren und dem Bart wahrscheinlich nicht erkannt. Es brannte nur ein schummriges Licht im Bus.
Schweigend nahm Suriya neben mir Platz und drückte unauffällig meine Hand.
Die Fahrt verlief ohne Zwischenfälle. Ich wiegte uns schon in Sicherheit. Aber als wir Colombo schon fast erreicht hatten, wurde der Mitternachts-Express doch noch von Soldaten angehalten. Wir mussten aussteigen.
„Passport“, sagte ein Soldat und leuchtete mir mit einer Lampe ins Gesicht. Ich war aufgeregt. Hoffentlich merkte er nicht, dass mir die Schweißperlen auf der Stirn standen. Umständlich kramte ich meinen Pass aus der Brusttasche, ängstlich darauf bedacht, dass der Soldat Suriyas srilankischen Pass nicht bemerkte, der sich ebenfalls in dem Beutel befand.
„Tourist?“

Ich nickte.
Jetzt war Suriya an der Reihe. Der Soldat sagte etwas auf Singhalesisch zu ihm. Suriya verstand nicht. Er deutete mit den Händen auf seinen Mund und die Ohren und stieß ein paar unartikulierte Laute aus.
„Der Mann kann nicht hören und sprechen“, erklärte ich die Geste.
„Du kennst ihn?“
Ich nickte.
„Wie ist sein Name?“
Jetzt nur nichts Falsches sagen, schoss es mir durch den Kopf. Ein Singhalese konnte unmöglich Suriya heißen. Das war ein typisch tamilischer Name.
„Mahinda“, antwortete ich, denn das war der einzige singhalesische Name, der mir im Moment einfiel.
„Und weiter?“
Einen Moment lang zögerte ich. Mahindas Nachnamen kannte ich nicht. Doch da fiel mir mein grauhaariger, singhalesischer Vermieter in Hikkaduwa ein.
„Sirisena“, behauptete ich, scheinbar gelassen. „Der Mann heißt Mahinda Sirisena.
Suriya lächelte scheinbar unbeteiligt. Der Soldat war zufrieden, und wir durften wieder in den Bus einsteigen. Ein Fahrgast wurde von den Soldaten abgeführt, die anderen konnten ihre Reise fortsetzen.
Als wir Colombo erreichten, dämmerte es bereits. Fernandez erwartete uns schon. Ich erkannte den Burgher mit dem Schnauzbart gleich wieder.
„Wir müssen sofort los“, begrüßte er uns auf Englisch. „Dort drüben wird gerade ein Bus kontrolliert. Die Soldaten werden gleich damit fertig sein. Wir sollten hier schnell verschwinden.“
Fernandez stieg auf sein Motorrad. Es blieb wenig Zeit für einen Abschied. Suriya schwang sich auf den Sozius.

„Ich schreibe dir", versprach er. Und schon brauste das Motorrad in Richtung Flughafen davon.
In diesem Moment spürte ich, dass meine Reise zu Ende war.

*

Ich frühstückte in einem kleinen Teeshop am Bus-Terminal und wartete, bis die Büros der Fluggesellschaften öffneten. Kurz entschlossen buchte ich meinen Rückflug nach Deutschland. Ich war erschöpft. Müde vom Reisen. Und ich dachte an meine Familie, an Freunde, die ich so lange nicht gesehen hatte.
Ein paar Tage hatte ich noch Zeit bis zum Abflug. Den Rest meines Aufenthalts in Sri Lanka wollte ich in Hikkaduwa verbringen. Bei Mr. Sirisena hatte ich warme Kleidung deponiert. Die würde ich für den Rückflug brauchen. In Deutschland war es kalt um diese Jahreszeit.
Inzwischen kannte ich den Weg zum Parkplatz der Minibusse gut.
„Hikkaduwa, Hikkaduwa", brüllte der Kassierer aus dem Kleinbus.
„Hikkaduwa, Hikkaduwa?", versicherte ich mich.
Der Kassierer lachte und ließ mich einsteigen. Schon nach drei Stunden hatten wir den Touristenort an der Südwestküste erreicht. Ein Katzensprung. Ich stieg nicht im Zentrum aus, sondern stoppte den Bus direkt vor Mr. Sirisenas Hotel. Upali, der jüngste Sohn, begrüßte mich freudestrahlend. Schnell lief er in die Hütte, um seine Eltern über meine Ankunft zu informieren.
Mit ausgebreiteten Armen kam mir Mr. Sirisena entgegen. Ich konnte mir eines der hellblau angestrichenen Häuschen aussuchen. Sie standen alle leer.
„Schlechte Zeiten", beschwerte sich mein Vermieter. „Es kommen nur noch wenige Touristen. Das ist die Schuld

der Tamilen. Die Urlauber reisen in andere Länder, solange bei uns Bürgerkrieg herrscht."
Ich war zu müde, um mich mit ihm auf eine Diskussion einzulassen. Erst einmal genoss ich eine ausgiebige Dusche, während Mrs. Sirisena das Essen zubereitete. Reis und Curry nach Art des Hauses.
„Nicht so heiß?", fragte Upali grinsend.
„So, wie ihr es mögt", antwortete ich.
Neugierig blieb der Kleine neben der Terrasse stehen, nachdem er das Essen aufgetragen hatte. Selten hatte ich ein so köstliches Gericht gegessen. Mrs. Sirisena war eine hervorragende Köchin. Die Kokosraspeln, die dem Gericht die Schärfe nehmen sollten, konnte Upali wieder abräumen.
Nachdem ich mich in dem bequemen Bett ausgeschlafen hatte, machte ich am nächsten Tag einen Ausflug nach Hikkaduwa. Es hatte sich nicht viel verändert, nur kam mir der Ort so sauber und ordentlich vor. Die Schlepper gingen ihrer gewohnten Arbeit nach. Ein paar junge Schmuckverkäufer umringten eine Gruppe Touristen. Die Jungs erkannten mich wieder und grüßten winkend von der anderen Straßenseite. Niemand belästigte mich.
Am Ende der Hauptstraße fiel mir ein neuer Shop auf. In der Bretterbaracke, in der sich bei meinem letzten Aufenthalt ein Lebensmittelgeschäft befunden hatte, war eine Buchhandlung eröffnet worden. Englische, Spanische, Italienische, Deutsche und Japanische Bücher, versprach ein Schild über dem Eingang. Genau das Richtige, dachte ich. Die letzten Tage am Strand liegen und lesen. Schon lange hatte ich keine deutschsprachige Lektüre mehr bekommen.
Ich betrat die schummrige Hütte. Die Regale an den Wänden waren bis unter die Decke mit Büchern gefüllt. In einer Ecke saß eine einheimische Frau. Sie kam mir

bekannt vor. Das mussten Joes Bücher sein. Hatte die alte Leseratte sich doch von seiner Sammlung getrennt?
Ich fragte den Jungen, der mich bediente, nach Joe.
„Du hast ihn gekannt?“, entgegnete er. „Joe war mein Lehrer. Vor zwei Monaten ist er gestorben. Die Malaria. Meiner Mutter hat er die Bücher hinterlassen. Sie war lange Zeit gut zu ihm.“
Mit dem Buch, das ich ausgesucht hatte, ging ich die Hauptstraße entlang. Plötzlich sah ich ein bekanntes Gesicht in einem der offenen Restaurants. Sie saß an einem Tisch mit zwei jungen Mädchen, hatte ein Glas Arrak in der Hand, die halbleere Flasche stand auf dem Tisch.
„Ich komme schon seit Jahren in jedem Urlaub nach Sri Lanka“, hörte ich Petra mit lallender Zunge erzählen. „Ich kenne das Land, die Strände, die Tempel und die berühmten Buddha-Statuen ...“
Für einen kurzen Moment nahm sie mich wahr. Petra hielt inne und sah mich mit verschleiertem Blick an, als würde sie überlegen, ob sie mich irgendwann schon einmal gesehen hatte. Dann fuhr sie mit ihrem Vortrag fort und genoss es sichtlich, dass die beiden jungen Mädchen ihr fasziniert zuhörten.
Die letzten Tage in Sri Lanka zog ich mich in die grüne Oase am Rand von Hikkaduwa zurück.
Am Tag meiner Abreise hielt Mr. Sirisena zum letzten Mal den Minibus vor dem Hotel für mich an. Alle Plätze waren besetzt, aber der Kassierer öffnete mir die Beifahrertür. Ich durfte auf der Fahrerbank Platz nehmen, auf der schon ein junger buddhistischer Mönch saß. Der Knabe im safranfarbenen Gewand, mit dem kahlgeschorenen Kopf, war höchstens acht Jahre alt. Er rückte ein Stück näher zum Fahrer und vermied es, mich zu berühren. Zum letzten Mal ging die Fahrt durch Hikkaduwa. Wir passierten das Fischerdorf Akuralla, in dem das kleine weiße Hotel idyllisch unter den Kokospalmen lag.

Ob Hanna noch immer hier bei Anura war? Entspannt lehnte ich mich zurück und genoss die Fahrt auf der Küstenstraße, vorbei an den palmengesäumten Stränden und den kleinen Dörfern mit ihren Fischerhütten. Alles war so friedlich. Als der Bus, wie üblich, an dem buddhistischen Tempel anhielt, gab ich dem Kassierer einen Geldschein für den Opferkasten. Meine Fahrten durch Sri Lanka waren stets beschützt worden, von wem auch immer. Meine restlichen Rupien drückte ich am Busbahnhof in Colombo einem blinden Bettler in die Hand, bevor ich meine Fahrt zum Flughafen fortsetzte.
Gerade war das Flugzeug gelandet, das mich nach Deutschland bringen würde. Die Urlauber kamen übernächtigt aus dem Gebäude und stiegen in die bereitstehenden Reisebusse ein. Am Ausgang stand unschlüssig ein Mädchen mit einem mächtigen Rucksack auf dem Rücken. Sie war ungefähr in meinem Alter.
„Willst du nach Colombo?“, fragte ich sie. „Der Bus fährt von der anderen Straßenseite ab.“
Das Mädchen mit den langen, kastanienbraunen Haaren lächelte. Fröhlich winkte sie mir zu, bevor sie über den Parkplatz auf die Bushaltestelle zulief.
„Eine gute Reise!“, rief ich ihr nach.
In dem Moment, als sie die Straße erreichte, startete der Fahrer des verbeulten Busses den Motor. Das Mädchen rannte über die Fahrbahn. Der schwere Rucksack hüpfte auf ihrem Rücken auf und ab. Grinsend beobachtete der Busfahrer die Touristin im Rückspiegel. Das macht der immer so, dachte ich kopfschüttelnd.
Das Flugzeug zu betreten, war wie ein Schritt in eine andere Welt. Ich fror. Die Klimaanlage war angeschaltet. Die deutsche Urlauberin, die auf dem Platz neben mir saß, roch penetrant nach einer Mischung aus einem billigen Parfüm und Haarspray.

„Es wird Zeit wieder nach Hause zu kommen“, sprach sie mich an. „Also ich hatte von diesem Urlaub schon etwas mehr erwartet. Für zwei Wochen haben wir immerhin einiges bezahlt. Und dann diese Hitze, die Moskitos und das Essen! Ganz zu schweigen von den aufdringlichen Einheimischen. Nächstes Jahr fliegen wir wieder nach Ibiza ...“
Meine Gedanken schweiften ab. Ich dachte an Sinna Ullai und an Suriya.
„Und wie war Ihr Urlaub?“, riss mich die Touristin aus meinen Gedanken.
Neben der Startbahn erhob sich ein Schwarm schwarzer Vögel, als das Flugzeug über den Asphalt rollte. Die Boeing flog eine Schleife über einen palmengesäumten Strand.
„Das Reisefieber kommt und geht“, hatte Mark bei seinem Besuch in meiner Heimatstadt zu mir gesagt. „Manche Menschen sind immun dagegen, andere lassen sich anstecken. Was für mich immer bleibt, ist die Sehnsucht, meine Sehnsucht nach Sri Lanka.“

*

Wochen später erreichte mich in Deutschland ein Brief von Suriya.
„Es ist kalt in New York“, schrieb er. „Jetzt weiß ich, wie Schnee sich anfühlt. Ich vermisse meine Brüder, die Sonne, den Strand und das Meer. Und ich denke oft an dich und den Krokodilfelsen. In Amerika ist alles so groß und so anders. Es gibt hier auch schwarze Vögel, aber sie sprechen nicht zu mir...“

*

Suriyakumar, der Sohn der Sonne, ist nicht wieder nach Sri Lanka zurückgekehrt. Er hat in den USA geheiratet und lebt heute mit seiner Familie auf Hawaii.

**Fern ab – Ein Guatemala-Roman**

Guatemala. Fünf Europäer zwischen 24 und 30 treffen sich in einem Dorf am Atitlàn-See. Clarissa möchte Spanisch lernen. Nico sucht nach Idealen. Gustav feiert. Jako schreibt ein Buch. Francesco malt und beabsichtigt, Cony glücklich zu machen.

Drei vermeintlich unspektakuläre Sommermonate verstreichen…

Erhältlich im Buchhandel und bei www.traveldiary.de